KB251928

끝까지 해내는 사람들

끝까지 해내는 사람들

일러두기

1. 이 책은 국립국어원의 한글 맞춤법과 외래어 표기법을 따랐습니다. 그러나 일부 단어에는 예외를 두었습니다.
2. 1부에서는 워크그릿과 원온원에 대한 개념과 특징을 설명했고, 2부에서는 워크그릿을 찾아가는 이야기를 소설로 담았습니다.

버티는 사람에서
해내는 사람으로
이끄는 워크그릿

이민영 · 김지영 지음

끝까지 해내는 사람들

CRETA

차례

1부. 워크그릿과 원온원

1장 ▸▸ 일에도 그릿이 있다, '워크그릿'

3장 ▸▸ 목표와 환경, 워크그릿의 원동력

워크그릿 POINT

현장에서 만난 질문
'지금 당신은 얼마나 그릿하게 일하고 있는가?'

직장인들의 살아 있는 멘토를 자처하며 여러 권의 책을 쓰고 기업강연을 해오던 나는 현장에서 일하는 다양한 분야의 종사자들을 만났다. 강의 현장에서, 워크숍에서, 때로는 책과 온라인 콘텐츠를 통해 그들의 고민과 기대를 마주해 왔다. 누구나 더 나은 성과를 원하고, 인정받고 싶어 한다. 그런데 그 과정이 늘 순탄하지만은 않다. 어떤 사람은 뛰어난 역량에도 불구하고 쉽게 지치고 포기하고, 어떤 사람은 기대 이상으로 오랫동안 묵묵히 성과를 만들어 낸다. 이 차이는 도대체 어디서 오는 것일까? 이 질문은 늘 내 마음속에 자리 잡고 있었다.

그러던 어느 날, 한 학회에서 김지영 교수를 만나게 되었다. '그릿'이라는 단어 자체는 나에게 낯설지 않았다. 이미 리더십 강의나 동기부여 프로그램에서 여러 번 다뤄본 개념이기도 했다. 그런데 김지영 교수가 말하는 '워크그릿'은 그릿이 개인의 성향이나 성격적 끈기라는 차원에서만 다뤄지는 것이 아니라, 직장에서의 구체적인 목표수립에서부터 그 목표에 대한 실행, 회복력, 만족과 성과까지 연결되는 하나의 실천적 태도였다. 일터에서 끝까지 해내는 힘, 다시 일어서는 태도, 그 자체가 곧 워크그릿이라는 점이 매우 인상적이었다.

무엇보다도 김지영 교수가 보여준 여러 연구 결과를 접한 나는 깜짝 놀랐다. 강의 현장에서 성과가 좋은 사람들의 특징을 언어로 표현하지 못했던 부분들이, 연구자의 시선으로 분명하고 단단하게 정리되어 있었다. 그 순간 이 개념을 책으로 소개해야겠다는 생각이 들었다. 워크그릿은 단순히 '끝까지 해내는 힘'만을 의미하지 않는다. 그 안에는 성장하려는 의지, 자기 일에 대한 의미 부여, 문제 해결을 위한 지속적인 학습, 그리고 주변과의 관계 속에서 지속가능한 동력을 만들어 가는 성찰의 과정이 담겨 있다. 김지영 교수의 연구를 함께 읽고 이야기 나누며, 나는 점점 더 이 개념에 매력을 느꼈고, 마침내 함께 글을 쓰는 작업을 시작하게 되었다.

기업강연을 하다 보면 "요즘 직원들은 너무 쉽게 포기해요" "리더가 좀 더 이끌어줘야 하는 거 아닐까요?" 같은 말을 종종 듣는다. 세대가 다르고, 성격이 다르고, 환경이 다르니 당연한 일이지만, 결국엔 누가 더 오래, 꾸준히, 의미 있게 버티는가가 성과를 만든다는 사실에 모두가 공감한다. 바로 그 지점에서 워크그릿은 모든 직장인에게 필요한, 매우 현실적이고 절실한 개념이다. 워크그릿을 이야기하다 보면, 리더십, 성별, 세대 차이, 커리어 불확실성 등 많은 키워드가 함께 따라온다. 이 개념은 단지 성실해야 한다는 교훈이 아니라, 어떻게 일에 대한 마음을 지키고, 동기를 유지하며, 결국 자신을 위한 성장을 지속할 것인가에 대한 고민을 담고 있다.

한 권의 책으로 이 개념을 소개하는 것이 목표다. 집필을 진행하며 나는 점점 이 책이 단순한 정보 제공서가 아니라, 많은 직장인에게 작은 위로와 자극이 될 수 있겠다는 확신을 하게 되었다. 이 책이 다루는 내용은 특정한 직무나 연차, 성격을 가진 사람만을 위한 것이 아니다.

김지영 교수가 쌓아온 연구 결과와 내가 현장에서 보고 들은 직장인의 이야기가 만나 탄생한 이 책은, 그릿을 '지금 나에게 필요한 일의 태도'로 풀어낸 실용서다. 성인이 된 후 오랫동안 해야 하는 일을 더 즐겁게 하고 싶은 사람, 각자의 자리에서 성과를 내고 싶은 사람, 지치지 않고 버티고 싶은 사람, 그리고 리더로서 팀원을 잘 이끌고 싶은 사람에게 작은 방향이 되었으면 한다. 워크그릿이란 단어가 처음에는 낯설게 들릴지도 모르겠다. 하지만 이 책을 읽고 나면 분명 생각이 바뀔 것이다. '단단한 그릿을 갖고 일하는 나'를 상상할 수 있다면, 우리는 이미 그 첫걸음을 내디딘 셈이다.

누구나 일터에서 지치고 흔들릴 수 있다. 그럴 때 '내가 지금 그릿하게 일하고 있는가?'를 스스로에게 묻는 일, 그리고 누군가에게 '그대의 워크그릿을 응원한다'고 말해주는 일. 그것이 일터를 조금 더 단단한 곳으로 만드는 출발점이 될 수 있다고 믿는다.

저자 이민영

일하는 사람에게
그릿이 필요하다는 확신, '워크그릿'

지금으로부터 10여 년 전 글로벌 기업에서 20년 넘게 인사교육 업무를 하는 대학원 선배와의 저녁 식사 자리에서 '그릿'을 처음 알게 되었다. 당시 앤절라 더크워스의 책 《그릿》을 선물 받아 읽었는데, 매우 흥미로워서 단숨에 읽어 내려갔다. 내가 삶에서 중요하게 여겨 온 개인의 특성이자 태도가 바로 그릿이라는 것을 알게 되었다. 더욱이 책에 있는 내용은 그릿이 어떤 효과가 있는지에 대한 연구결과를 기반으로 설명되어 있었다. 나는 언급된 연구물을 찾아 차근차근 읽기 시작했다.

그릿 연구를 찾아 읽다 보니 그릿에 관한 연구대상은 대부분 학생과 운동선수였다. 성인 근로자들의 행복과 성장을 고민하는 학문인 인적자원개발(human resource development)을 전공한 나는 이 개념을 일하는 사람에게 적용해야 한다고 생각했다. 개인개발 관점에서 개인이 직장생활과 일에 대해 어떤 자세로 임해야 하는지 말해주는 특성이라는 확신이 들었기 때문이다. 직장인에게 일에 대한 그릿이 있고, 그릿을 길러줄 사람이 있다면 모든 직장인은 많은 성취를 이룰 수 있을 것이라 생각했다. 그날 이후로 나의 주요 연구주제는 일하는 사람들의 그릿이 되었다. 워크그릿에 대한 연구는 연구의 중요성을 인정받아 교육부와 한국연구재단으로부터 5년여간의 지원을 받게 되었다. HRD 분야에 있는 연구자나 실무자 모두에게 이 개념은 무척이나 매력적이다. 일에 그릿을 발휘하는 것은 성장이 끝났다고 생각되는 성인에게 성숙이 남아 있다는 것을 보여주기 때문이다.

나는 먼저 일하는 사람에게 그릿이란 무엇인지, 일하면서 그릿이 필요하다고 생각하는지 알아보고자 했다. 일하는 사람들을 대상으로 인터뷰를 수행했고, 이후 일에 대한 그릿을 측정하기 위한 진단도구를 개발했다. 그리고 개발된 진단도구를 바탕으로 한국인의 일에 대한 그릿은 어느 정도인지, 일에 대한 그릿은 어떠한 효과를 가져오는지 계속해서 검증해 나가고 있다.

처음 워크그릿을 연구하기 시작했을 때, 나와 동료들은 확신이 있으면서도 불안했다. 미성년인 학생과 운동선수에게 필요한 그릿이지만, 일하는 사람에게는 필요 없다는 것이 워크그릿 연구의 결론이면 어쩌지 하는 불안감이 있었다. 그럼에도 이 개념에 대한 열정과 기대감을 숨길 수 없었다. 만약에 직장인에게 그릿이 필요 없다는 결론이 나오면 왜 그릿이 필요가 없는 것인지를 논하는 것도 연구자의 일이라 생각했다. 다행스럽게도 측정도구를 개발한 이후 국내 근로자들을 대상으로 한 많은 연구에서 워크그릿은 여러 가지 성과를 입증했다. 그러나 아직 더 검증하고 싶은 부분이 많다. 더 많은 연구 결과를 '그릿 있게' 쌓아가는 일이 남아 있다.

워크그릿이 조직에 필요한 여러 가지 성과에 도움을 준다는 것이 지속적으로 밝혀짐에 따라 조직에서는 구성원들의 워크그릿을 기르기 위한 준비를 시작하고 있다. 이때 가장 효과적인 방법이 바로 원온원이다. 원온원은 팀원의 성장, 리더의 성공, 리더와 팀원의 신뢰 관계 구축 등에 효과를 보이는 도구다. 청소년의 그릿을 기르기 위해서는 부모, 선생님, 코치 같은 존재가 필요하고 일하는 사람들의 그릿은 원온원을 통해 기를 수 있다.

일의 의미와 목표를 찾지 못하고 하루하루를 살아가는 성인이 많다. 조금 더 재미있고, 활기차게, 열정적인 하루를 보내기 위해서 일에 대한 목표를 갖고 그릿하게 일을 해 나가면 어떨까? 직업을 갖고 있는 모두가 일에 대한 그릿을 갖고 일하게 되는 세상을 기다리며 이 책이 나오게 되었다.

이 책은 총 2부로 구성되어 있다. 1부에서는 워크그릿과 워크그릿을 기르기 좋은 방법인 원온원에 대한 개념과 특징 등을 설명했다. 2부에서는 300인 규모의 글로벌 마케팅 회사 구성원들이 워크그릿을 탐색하는 이야기를 소설 형식으로 구성했다. 워크그릿이 직장생활의 키포인트라고 생각하는 한수정 상무가 여러 수준의 워크그릿을 지닌 팀원들과 이에 대해 고민하며 각자의 워크그릿을 길러 나가는 이야기다. 각자의 포지션에서 워크그릿과 원온원에 대해 어떻게 받아들이는지를 살펴볼 수 있다.

책 속에 등장하는 인물과 사건들은 각색하여 만든 이야기임을 밝힌다. 책의 등장인물인 한수정, 나태한, 성장미, 이로운 등은 모두 우리 주변에서 쉽게 찾아볼 수 있다. 내 옆에는 한수정 같은 리더가 있는가? 혹시 내가 나태한의 모습은 아닌지 되돌아보면 좋겠다. 당신이 리더라면 한수정처럼 팀을 이끌어야 할 것이고, 나태한 같은 모습이라면 단단한 워크그릿을 발휘할 수 있도록 일에 대한 목표를 세워보기를 권한다.

저자 김지영

이 책을 읽는 법

설명과 이야기로 워크그릿을 이해하는 안내서

이 책은 독특한 형식으로 구성되어 있다. 1부는 워크그릿과 원온원의 개념과 설명으로, 2부는 그 설명을 바탕으로 한 이야기로 이루어졌다. 같은 주제를 두 개의 언어로 풀어낸 셈이다. 하나는 설명의 언어, 다른 하나는 이야기의 언어다. 그래서 이 책은 한 가지 방식으로만 읽어야 할 필요는 없다. 독자의 상황과 취향에 따라 읽어도 좋다.

1. 순서대로 읽는 방법

워크그릿과 원온원의 개념을 차근차근 이해하고 싶은 독자라면 1부를 먼저 읽고 뒤의 이야기를 이어서 읽는 방식을 권한다. 설명에서 다룬 개념과 질문이 이야기 속 인물의 선택과 행동 속에서 어떻게 드러나는지 자연스럽게 연결될 것이다. 이 방식으로 읽으면 워크그릿이 실제 일터에서 작동한다는 점을 분명히 느낄 수 있다.

2. 이야기부터 읽는 방법

개념보다 이야기에 먼저 끌리는 독자라면 2부의 소설 파트부터 읽는 방법이 좋다. 등장인물의 워크그릿을 길러주기 위해 원온원을 하는 한 조직의 고군분투기를 따라가다 보면 '왜 이런 장면이 반복되는지' '이 사람의 행동의 이유는 무엇인지' 같은 질문이 자연스럽게 떠오를 것이다. 그런 질문을 안고 1부를 읽는다면 워크그릿을 잘 이해할 수 있을 것이다.

어떤 방식을 선택하든 중요한 것은 '어떻게 읽느냐'가 아니라 '무엇을 생각하느냐'다. 이 책은 정답을 제시하기보다는 질문을 던진다.

'나는 지금 그릿하게 일하고 있는가?'
'내 일에 분명한 목표와 의미가 있는가?'
'나는 그릿한 태도를 갖추고 있는가?'

이 책이 독자의 일상 속에 '단단한 워크그릿으로 끝까지 해내는 나'를 생각해 볼 수 있길 바란다.

1부

워크그릿과
원온원

일에도 그릿이 있다, '워크그릿'

〉〉 **100명 중 14명만 몰입하는 사회**

우리는 "한국 학생들이 우수하다"라는 말을 자주 듣는다. 매년 국제 올림피아드 대회가 끝나면 신문에는 '국제수학올림피아드 한국 종합 순위 1위' '국제물리올림피아드 종합 순위 1위' '한국 참가자 전원 금메달' 등의 헤드라인이 단골로 등장한다.[1,2,3] 평균적으로도 한국학생이 다른 나라보다 우수하다는 조사결과도 많다. PISA(Programme for International Student Assessment, 국제학업성취도평가)조사에서 우리나라 15세 학생들이 읽기, 수학, 과학 분야에서 OECD 평균보다 높은 점수를 기록했다.[4]

그렇다면 이렇게 '똑똑한 학생들'은 성인이 되어 어떤 일을 하며 지낼까? 일의 종류와 상관없이 모두가 자기 일에 두각을 나타내거나 몰입하며 지내지 않을까? 2024년 갤럽 조사에 따르면, 우리나라 직장인의 몰입 수준은 14%에 불과하다. 100명 중 14명만이 업무에 몰입하고 있다는 의미인데, 전 세계 평균인 21%보다 낮은 수치다.[5]

국내 직장인을 대상으로 한 다른 연구 결과도 살펴보자. 100명 중 36명이 이직할 마음이 있고,[6] 행복도는 100점 만점에 41점 수준이다.[7] 뿐만 아니라 직장인의 88.6%가 번아웃을 경험했다고 응답했다.[8] 일상 스트레스와 화, 슬픔, 외로움 지수에서도 동아시아의 다른 국가들보다 높게 나타났다.[9] 이러한 결과는 취업이라는 큰 산을 넘은 한국인들이 지금까지의 노력을 보상이라도 받으려는 듯 하루하루를 그저 소비하며 살아간다는 것을 의미하는 게 아닐까?

↳ 90,720시간을 어떻게 보낼 것인가

대학교를 졸업한 후 28세에 일을 시작해 70세까지 42년을 일한다고 가정해 보자. 주 5일, 연 48주, 하루 9시간(9~18시)으로 계산하면 인간의 총 노동 시간은 90,720시간이다(9시간×5일×48주×42년). 같은 기간 동안 하루 8시간을 자고 깨어 있는 시간이 16시간이라면 유효시간은 16시간×365일×42년=245,280시간이고, 이 가운데 일하는 시간은 90,720÷245,280≈0.37, 즉 깨어 있는 시간의 약 37%다.

휴가나 공휴일이 노동 시간을 일부 상쇄해 주지만, 야근과 통근이라는 그림자 노동까지 포함한다면 결론은 변하지 않는다. 인생에서 깨어 있는 시간의 3분의 1가량이 일하는 시간인 셈이다. 그러므로 일 터에서 즐거움과 의미를 찾고, 하루의 피로가 성장이었다고 생각하는 것은 인생의 3분의 1을 의미 있게 보내는 방법이다. 이 긴 시간을 더 값지게 만드는 힘은 꾸준히 해내는 태도, 어려움을 학습으로 해결하는 습관, 주어진 일을 긍정적으로 해석하는 마음가짐에 있다. 이러한 힘이 있을 때 일하는 시간은 소모가 아니라 축적이 되고, 미래를 여는 자산 이 된다.

2024년 기준 우리나라 국민의 기대수명은 83.7세다.[10] 희망하는 은 퇴 나이는 평균 65세이지만, 실제 은퇴 시점은 평균 50~52세에 불과 하다.[11] 서울시50플러스재단에서 경제활동 중인 40대 시민 1,248명 을 대상으로 조사한 결과, 10명 중 6명이 '정년 전에 현재 일자리를 그 만두게 될 것'이라고 고용불안을 느끼고 있었다.[12] 반면 '정년과 관계 없이 원하는 만큼 일할 수 있다'라고 응답한 비율은 5.8%에 그쳤다.

50세에 지금 다니는 직장에서 은퇴하게 된다면, 그다음 직업은 무 엇이어야 할까. 일에 특별한 목표가 없는 사람은 여러 가지 불안을 느낀다. 계속 일해왔지만, 정작 "나는 어떤 일을 전문으로 하는 사람 이다"라고 자신 있게 소개하기엔 스스로가 멋쩍다. 누군가는 임원 이 되기도 하지만, 누군가는 희망퇴직을 강요받는다.[13] '무슨 일을 해 야 하는지' '무슨 일을 잘할 수 있을지'라는 의문이 드는 사람이 많 다.[14·15] 자신이 그동안 쌓아온 일과 관련된 경험과 역량을 바탕으로 다음 일을 구상해야 하는데, 쉽지 않다.

그릿(grit)은 목표에 대해 일관된 관심을 유지하고, 목표 달성을 위해 지속적으로 노력하는 개인의 비인지적인 역량을 의미한다. 메리엄 웹스터(Merriam-Webster) 사전에는 그릿을 '마음과 정신의 견고함, 어려움이나 위험에 직면한 용기'라고 정의했다. 한국어로는 투지, 집요함, 목표를 향한 끈기, 집념 등으로 번역되지만, '그릿'이라는 영어단어를 그대로 사용하는 경우도 많다.

개인의 비인지적 특성인 그릿은 IQ 같은 인지적인 특성보다 성취를 더 잘 예측한다는 연구결과들로 주목받고 있는 개념이다. 국내에서는 마음근력과 내면소통 분야 연구로 잘 알려진 김주환 교수가 그릿을 능력성장에 대한 믿음, 회복탄력성, 내재동기, 끈기의 합으로 설명했다.

사람들은 구체적인 목표나 대상은 다르지만 모두 저마다의 방식으로 그릿을 지니고 있다. 어떤 사람은 자신의 학업에 뚜렷한 목표를 세우고 이를 이루기 위해 그릿을 드러낸다. 또한 건강관리나 스포츠, 예술, 자원봉사 등의 특정 활동에 그릿이 두드러지는 사람도 있다.

1. 학업: 이지영 수능 사회탐구 영역 강사는 학창시절, 학업에 높은 그릿을 지니고 공부했던 것으로 유명하다. 자신이 정한 목표 대학 진학을 위해 때로는 잠을 줄여가며 공부에 몰두했고, 꾸준한 노력 끝에 결국 목표를 현실로 만들었다.

2. 업무: 최인아 전 제일기획 부사장은 1984년 제일기획에 입사해 16년 만에 부사장 자리까지 오른 인물이다. 여성 직장인이 드물던 시절, 그는 '여자라서 그래'라는 편견 속에서도 꿋꿋이 회사 생활을 이어 나갔다. 광고회사의 업무 중 하나인 다양한 광고 캠페인이나 프레젠테이션을 준비하는 과정은 특히 어려움이 많았지만 포기하지 않고 완성했다. 그렇게 쌓인 성공의 순간들이 모여 그는 결국 광고회사의 부사장이 되었다.

3. 인간관계: 방송인 유재석 씨는 훌륭한 인품과 배려의 아이콘이다. 만나는 사람들을 진심으로 대하고, 소통하려고 노력하는 모습을 그가 나오는 방송에서 확인할 수 있다. 상대방에게 꾸준한 관심을 두고 도움의 손길을 내미는 것으로도 유명하다. 오랜 시간 같이 방송한 동료나 후배, 스태프를 잊지 않고 마음을 쓰는 그의 모습에서 인간관계를 좋게 유지하는 것에 대한 그릿이 있음을 확인할 수 있다.

4. 건강: 손흥민 선수는 해외 리그에서 수년 동안 활약한 세계적인 축구 선수다. 잉글랜드 프리미어 리그에서 활약하는 동안 그는 영국의 대표음식인 피시앤칩스를 먹어본 적이 없다고 말했다. 그뿐만 아니라 Z세대에게 인기 있는 마라탕과 탕후루도 먹어본 적이 없다고 한다. 건강 혹은 자기관리에 강한 그릿을 지녔음을 알 수 있다.

5. 사회활동: 수단의 슈바이처라고 불리는 이태석 신부는 2001년부터 2008년까지 아프리카 오지에서 봉사활동을 이어갔다. 그는 아프리카 수단에서 사람들을 치료하고, 가르치며, 열악한 환경 속에서도 자신이 해야 할 일이 더 많다며 봉사를 실천한 인물이다. 자신의 건강상태에 대해 알게 된 후에는 봉사활동을 중단할 수밖에 없었지만, 몸이 허락하는 순간까지 현지에서 최선을 다해 이웃을 돌봤다. 이태석 신부는 봉사활동에 그릿을 갖고 실천한 인물이다.

6. 감정: 자신의 감정을 잘 관리하고 통제할 수 있는 능력을 '감정그릿'이라 한다. 이는 회복탄력성이 높은 사람에게 두드러지게 나타나는 그릿의 한 형태다. 한국 양궁 국가대표 선수들은 감정그릿의 수준이 매우 높다. 이들은 극도의 긴장감이 흐르는 올림픽 경기에서도 차분한 마음을 유지하기 위해 많은 훈련을 받는다.[16] 양궁은 작은 손 떨림이나 호흡, 감정의 변화까지도 화살의 방향에 큰 영향을 미치는 섬세한 종목이다. 화살마다 10점 과녁을 향해 집중과 노력을 쏟아붓는 그들의 모습은, 감정을 다스리며 끝까지 몰입하는 감정그릿을 단단하게 만든 결과다.

>> **일을 끝까지 해내는 사람들**

리더가 3개월짜리 프로젝트를 주도해서 수행하는 업무를 지시했다고 가정해 보자. 어려운 프로젝트라는 말에 표정부터 굳는 사람이 있다. '왜 하필 나일까' 생각하면서 울며 겨자 먹기로 일을 시작한다. 프로젝트가 얼른 끝나길 바라며 하루하루 출근하고, 곧 난관에 부딪힌다. 하기 싫었던 일을 억지로 시작한 사람은 그럴싸한 이유를 만들어 낸다. '처음부터 내 일이 아니다' '어려워서 못 할 것 같다' '현재 담당하는 업무가 너무 많다'라며 거절하려 한다. 반면 어렵지만 해 보겠다고 마음먹는 사람은 프로젝트의 목적을 명확히 파악하고, 해야 할 일을 구체적으로 정리한다. 이어서 필요한 인적, 물적 자원을 조사하고 실행계획을 세운다. 같은 난이도의 과제와 시간, 조직의 자원을 부여받았는데도 결과는 전혀 다르게 나타난다.

조금 더 구체적인 사례를 살펴보자. 연구개발직에 근무하는 A는 부품에 소손*이 발생하는지 확인하는 업무를 맡고 있다. 어느 날 한 부품에서 온도 예측이 부정확하게 나타나는 문제가 발생했다. 이를 해결하려면 처음 접해보는 프로그램을 사용해야 했지만, 이를 익히고 검증해 보는 시간이 부족했다. A는 다음날 곧바로 팀장에게 보고했다. "우리 프로그램으로는 이 부품을 검증할 수 없습니다." 이에 팀장은 다른 개발자 B에게 문제를 다시 검토해 보라고 지시했다. 상황을 전해 들은 B는 '내가 왜 이 일을 해야 하는가?' '이 일은 나에게 어떠한 가치를 주는가?'에 대해 자신에게 질문하고 고민했다.

---

*　제품에 적용되는 부품이 한계온도를 버티지 못해 성능이 저하되는 상태를 의미한다.

B는 스스로 이 일을 해결하는 것이 의미가 있을 것이라는 결론에 도달하였고, 적극적으로 문제를 해결하기 위해 노력했다. 프로그램을 개발한 협력사에 연락해 일대일로 교육을 받았고, 검증해야 하는 설계 모델을 프로그램에 적용하며 실행 방법을 익혔다. 퇴근 후 노트북을 집으로 가져가 며칠 밤을 고민하며 검증을 이어갔다. 결국 B는 주어진 시간 내에 원하는 결괏값을 도출할 수 있었고, 개인적인 성취감과 조직 내 인정 모두 얻었다. 이 사례는 우리의 일과 삶에도 유익한 교훈을 준다. '그릿한' 삶을 사는 사람은 포기하지 않는다. 도움을 받을 수 있는 인적 자원, 물적 자원을 적극적으로 찾아 다양한 길을 찾는다.

무엇이 이 차이를 만드는가. 현대사회에서 사람들은 대체로 똑똑하고, 매우 바쁘다. 차이는 태도에서 생긴다. 어떤 사람은 일을 대충 넘기고, 어떤 사람은 끝까지 정성을 들인다. 그리고 정성을 들이는 사람에게는 일을 완결하려는 의지가 있다. 일을 하다 보면 누구에게나 막힘이 생긴다. 어떤 이는 그 막힘을 이유로 속도를 늦추고 관심을 잃는 반면, 끝까지 가는 사람은 일을 시작했으면 마무리한다는 원칙을 지킨다. 시간이 오래 걸려도 책상 앞에 앉아 다음 시도를 구상한다. 막힌 지점을 분석하고, 방식을 바꾸어 다시 해본다. 전문가에게 피드백을 요청하고, 필요하다면 관련된 사람과의 불편한 대화도 피하지 않는다. 또 일정이 꼬이면 우선순위를 재정렬해 계획을 새로 짠다. 인정을 당장 받지 못하더라도 해야 할 일을 계속하는 이

들은 막힘을 불평거리로 두지 않는다.

궁금증이 생기면 해결될 때까지 파고들고, 목표에 다다르는 데 필요한 절차와 방법을 스스로 정리한다. 모르는 것은 찾아서 배우고, 난이도가 높은 과제라면 학습을 통해 해결한다. 진행 과정에서 얻은 통찰을 곧바로 다음 시도에 반영하고, 문서, 자료, 선후배, 외부 전문가 등 가능한 자원을 엮어 해결책을 만든다. 어려움이 생기면 멈추는 대신 해결하기 위해 집중한다. 어려움이나 막막함에 압도당할 때도 있지만, 다음 날 다시 마음을 다잡고 책상 앞에 앉는다. 일의 고단함을 모르는 것은 아니지만, 고단함을 이유로 포기하지 않는다. 이런 사람들은 보통 주어진 일의 의미와 목적에 공감하며, 일 안에서 자신의 목표를 세운다. 나에게 주어진 일을, 최선을 다해 해내고 싶은 마음이 있다.

사건을 해석하는 시각 또한 다르다. 누군가는 돌발 상황을 '역시 안 되는 일'의 증거로 읽지만, 끝까지 가는 사람은 그 안에서 성장을 기대한다. 실패는 다음 시도를 위한 재료가 된다. 그렇기에 같은 난이도에 같은 자원과 시간이 주어져도 다른 결과가 나오는 것이다.

결국 차이를 만드는 것은 재능의 화려함이 아니라, 끝까지 노력하고 해결하려는 힘이다. 즉 목표를 실행으로 연결하는 끈기라고 볼 수 있다. 일을 해내다 보면 누구나 흔들린다. 다만 누군가는 그 자리에서 멈추고, 누군가는 흔들림을 안고도 다시 한번 도전한다. 끝까지 해내는 사람은 특별해서가 아니라, 포기하지 않고 꾸준했기 때문이다.

이렇게 일에 대해 그릿을 발휘하는 것을 '워크그릿(work grit)'이라고 한다.[17] 일을 끝까지 해내는 사람과 그렇지 않은 사람의 차이가 바로 이 워크그릿에서 비롯된다. 학문적으로는 '업무목표를 달성하기 위해 긍정적인 마인드로 자신의 과업을 수행하고, 여러 방법을 통해 어려움을 해결해 나가며 지속적으로 노력하는 개인의 특성'으로 정의한다.[18] 현대사회의 빠른 변화 속에서 조직은 더 이상 개인에게 정년을 보장하지 않기 때문에[19] 개인의 역량 향상이 점점 더 중요해진다.

워크그릿을 지닌 사람은 역량을 지속적으로 개발하며 고용가능성을 스스로 높여 나간다. 한 조직에서 지위적 목표를 향해 나아갈 수도 있고, '일'에 대한 전문성을 바탕으로 향후 이직을 하거나 프리랜서로 일할 수도 있다. 최인아 전 제일기획 부사장은 일하면서 겪는 어려움을 헤쳐 나가는 힘이 그릿이고, 일을 하게 되면 필연적으로 수많은 장애요인이 존재하기 때문에 이를 극복하기 위해서는 일하는 사람들에게 그릿이 필요하다고 했다.[20]

어른이 된 우리는 더 이상 일에서 남과 승부를 겨뤄 일등을 차지하는 것을 목표로 삼지 않는다. 중요한 것은 나의 경력목표와 업무목표를 위해 일에 애정을 갖고 '그릿하게' 일을 하는 태도다. 워크그릿을 지닌다는 것은 힘든 일을 무조건 버티는 것이 아니라, 어려움을 지혜롭고 구체적으로 해결하는 것이다. 열정을 품고 목표를 달성하기 위해 매일 노력하는 것이 워크그릿의 본질이다.

워크그릿의 전신인 그릿은 학생이나 운동선수, 군인들의 1등, 100점, 우승 등 눈에 보이는 성취에 먼저 주목했다. 그릿이 높은 학생의 학업성취도가 더 높으며, 어려운 영어 철자 대회에서 우승하고, 혹독한 훈련으로 유명한 사관학교를 졸업하는 경향을 보였다. 2026년 현재 tvN에서 방영하는 〈유 퀴즈 온 더 블럭〉에는 많은 운동선수들이 출연했다. 전 역도 국가대표 장미란 선수는 다른 사람을 쳐다볼 겨를도 없이 연습에 매진했다고 회상했다.

전 피겨 스케이팅 국가대표 김연아 선수 역시 부상과 우여곡절이 정말 많았지만, 경기에 나서는 일이 자신의 직업이었기에 할 수밖에 없었다고 고백했다. 그는 스스로 대단하다고 여기지 않고, 그저 책임감을 느끼며 하루하루를 버텨 나가는 날도 많았다고 한다.

2024년 파리올림픽 배드민턴 금메달리스트 안세영 선수 또한 자신이 해야 하는 연습을 묵묵히 이어왔다고 한다. 쉬고 싶고 마음껏 먹고 싶은 마음이 왜 없었겠는가. 그러나 큰 성과를 낸 선수들은 모든 유혹을 은퇴 이후의 할 일로 미루고, 지독히 연습하고 또 연습하는 그릿을 발휘했다.

그릿이 성취에 영향을 주는 것처럼, 워크그릿도 일과 관련된 성과에 영향을 미친다. 현재까지 워크그릿이 있는 사람은 자신이 하는 일에 몰입하며, 적극적이고 혁신적인 행동을 보이는 등 업무에 직접적인 성과를 도출하는 모습이 나타났다.[21] 워크그릿은 일과 관련된 성과뿐 아니라 정신적 안녕과 행복, 삶의 만족과 의미, 경력과 직무에 대한 만족, 주관적인 경력 성과, 잡크래프팅,* 경력 정체성 등 인간의 행복, 웰빙, 정체성 등 삶의 중요한 가치에도 영향을 미친다.[22,23,24] 뛰어난 성취를 예측하는 특성이 스포트라이트를 받았지만, 결국 그릿은 개인의 삶을 풍요롭게 하는 개념이다. 이것이 워크그릿에 집중해야 하는 이유다.

일하는 사람은 이뤄야 하는 혹은 이루고 싶은 목표가 매우 다양하다. 어떤 사람은 금전적인 목표, 또 다른 사람은 상사의 인정이나 자신의 자아실현 등이 목표일 수도 있다. 무엇이 되었든 개인의 일에 관한 목표가 명확해야 방향을 잡고 나아갈 수 있다. 자신의 삶의 주체로서 스스로 목표를 세우고 그것을 이루기 위해 노력하는 것이 중요하다.

국내 성인 근로자 432명에게 '귀하의 담당업무에는 업무에 대한 그릿이 얼마나 필요하다고 생각하십니까?'라고 질문했을 때[25] 전체 응답자의 93.5%가 일할 때 그릿이 필요하다고 응답했다. 필요하지 않다고 응답한 사람은 전체 응답 인원의 6.5%에 불과했다. 구체적으로 워크그릿이 필요한 이유로는 업무와 관련된 문제를 해결해야 하

----

* 잡크래프팅(job crafting)은 스스로 자신의 업무 범위, 방식, 관계, 인식 등을 변화시켜 일의 의미를 찾고 몰입과 성과를 높이는 과정이다.

기 때문으로 나타났다(38.24%). 다음으로는 업무를 완료하는 것 자체 (24.50%)에 그릿이 요구된다고 응답했다.

대다수의 응답자는 대단한 성취를 목표로 하지 않더라도, 그릿이 중요하다고 인식하고 있다. 이외 업무목표와 관련된 우수한 성과를 도출해야 하기 때문에(12.62%), 나의 경력개발 관점에서 해당 업무 경험이 필요하기 때문에(9.53%), 나의 올해 업무목표 달성을 해야 하기 때문에(8.79%), 상사나 조직에서 이러한 특성을 요구하기 때문에 (3.47%), 현재 하는 일이나 조직이 좋기 때문에(2.85%) 순으로 나타났다. 그릿은 대단한 성취를 이룬 사람들만의 전유물이 아니다. 일상의 업무 상황에서 과업을 완수하고 문제를 해결하는 힘으로 작동한다. 그리고 성과의 수준을 한 단계 끌어올리려 할 때, 그릿은 더욱 중요해진다.

↳ 작은 완벽을 향한 여정, 워크그릿

한국고용정보원에서 발행한《2020 한국직업사전》에는 16,891개의 직업이 등재되어 있다.[26] 그만큼 우리 사회에는 다양한 종류의 일과 직업인이 존재한다. 일의 특성이나 개인이 세운 업무목표마다 필요한 워크그릿의 정도 역시 다르다. 만약 자율주행차를 개발하는 엔지니어라면, 가능성 있는 모든 문제를 끈질기게 테스트하고 확인해야 한다. '강아지는 작은 물체이니 인식하지 않아도 괜찮지 않을까?'라고 안일하게 생각하고 넘어가는 순간 완성도를 떨어트릴 수도 있다.

작은 물체까지 정확히 인식할 수 있도록 알고리즘을 끊임없이 개선해야 한다. 특히 안전과 관련한 분야는 장애요인을 해결하고 완벽에 가까운 결과를 내야 한다. 최고의 기준을 충족하는 데 필요한 비인지적 역량이 바로 워크그릿이다.

현장에서 만난 게임개발자들의 사례를 살펴보자. 게임은 출시되는 순간 실전이다. 출시와 동시에 수많은 이용자가 접속하고, 그날 하루가 게임의 명운을 좌우한다. 불특정 다수가 다양하게 플레이하기 때문에 오류가 많이 발생하면 갓 출시한 게임의 평판이 안 좋아질 수 있다. 캐릭터가 보물을 찾아가는 도중에 길이 끊어지거나 게임이 종료되면 안 된다. 적과 대적하다가 에너지가 떨어져 상점에 갔는데 충전이 되지 않으면 이용자의 신뢰는 무너진다. 이처럼 게임의 모든 요소에 완벽해야 하는 개발자는 새로운 게임 출시를 앞둔 몇 달 동안 밤을 새며 일하는 날이 흔하다.

게임을 개발하는 회사에 교육을 갔을 때, 마침 교육 전날 새로운 게임이 출시된 상황이었다. 구성원들은 단 하루면 게임의 명운을 안다고 말하며 매우 긴장하는 모습을 보였다. 성공적인 게임 출시라는 업무목표를 이루기 위해 모든 가능성을 생각하고, 완벽을 향해 몰입하는 태도를 워크그릿이라고 할 수 있다.

고객사에 기술 제품을 판매하는 기업의 엔지니어는 제품의 유지 관리 단계까지 책임을 져야 하는 경우가 많다. 고객사로부터 수리 요청이 들어오면, 엔지니어는 문제를 파악하고 해결하기 위해 현장에 투입된다. 어떤 문제가 발생할지 미리 체크해도 현장에서 예상 밖의 문제가 발생해 해결이 어려운 경우가 있다.

이런 상황에서의 워크그릿은 '일을 해결하기 위해 적극적으로 행동하는 것'에서 드러난다. "문제가 해결되지 않네요. 저도 잘 모르겠습니다"가 아니라, "저희 매뉴얼에 없는 경우라서 조금 더 연구가 필요합니다. 시간을 며칠 주시면 팀에서 고민해 보고 해결하겠습니다"라고 대응하는 것이다. 거짓말로 상황을 모면하거나, 자신의 책임임에도 문제를 회피하려는 모습은 워크그릿과 반대되는 행동이다.

사람들과 소통하는 일을 하고 싶다는 생각으로 교육팀으로 자리를 옮긴 C가 있다. 신입직원 교육을 담당하게 되었지만, 의욕만 앞설 뿐 교육과 관련된 어떠한 지식도 없었다. 전임자가 하던 방식대로 진행해도 무리는 없었지만, 방법을 알아내 더 잘하고 싶었다. C는 교육설계에 필요한 일이 무엇인지 찾아보기 시작했고, 동료 D 과장에게 자신의 상황을 솔직히 이야기하고 무엇부터 배워야 할지 조언을 구했다. 교육 담당자들이 모여 있는 오픈채팅방에 들어가 정보를 얻고, 관련 업무를 하는 대학 동기들에게 연락해 관련 자료와 다양한 정보를 구했다. 이런 모습은 특별한 경우라기보다, 우리가 일하면서 자주 마주치는 장면에 가깝다. 업무 목표를 향해 방법을 탐색하고, 도움을 구하고, 실행해 나가는 태도. 그것이 워크그릿이다.

2005년부터 방영되고 있는 SBS 〈생활의 달인〉에 등장하는 주인

공들의 행동에서도 일에 대한 그릿을 발견할 수 있다. 이 프로그램에는 수십 년간 한 분야에 종사하고, 올바른 방향을 찾아 끊임없이 연습한 끝에 장인의 경지에 오른 사람들의 이야기가 매주 소개된다. 청소, 칼국수, 베이커리, 포장, 반죽, 경매, 박스 접기, 찹쌀떡, 복숭아의 달인 등 분야를 불문하고 수많은 달인이 등장했다. 호두과자의 달인은 고무 골무를 이용해 유산지를 낱장으로 빠르게 집어 기계의 속도에 맞춰 포장하는 기술을 보여주었다. 이 기술은 눈으로 보지 않으면 이해할 수 없을 정도로 정교했다.

찹쌀떡의 달인은 뜨거운 물에서 반죽을 더 빨리 익히기 위해 칼로 미리 자르는 모습을 보여줬다. 또한 떡끼리 눌어붙지 않게 불 조절을 계속하는 것 등 이 모든 과정이 수많은 연습과 시행착오를 통해 달인이 터득한 노하우였다. 원하는 점성의 반죽이 지속적으로 나오기까지 포기하고 싶은 순간이 많았을 텐데 계속했던 것이 바로 워크그릿이다.

무엇이든 쉽게 되는 것은 없다. 같은 시간을 투자했다고 해서 똑같은 숙련도를 얻는 것도 아니다. 어떤 사람은 일을 효율적으로 하고 싶고, 어떤 사람은 나만의 노하우를 만들고 싶고, 또 어떤 사람은 숙련자가 되고 싶다. 각자의 이유로 자신의 일에서 방법을 고민하고, 연습하며, 나날이 나아진다. 이처럼 내가 나의 일에 방법을 고민하는 것, 성찰하고, 나아지는 행동 모두가 워크그릿이다.

워크그릿은 조직에 소속된 직장인에게만 필요한 능력이 아니다. 사회가 변화하면서 긱워커(gig worker),* 프리랜서의 비중이 더 높아지고 있다.[27] 이제는 오전 9시부터 오후 6시까지의 표준 근무시간을 따르기보다는 자신이 원하는 시간에 원하는 만큼 일하는 사람이 늘고 있다.[28] 이처럼 자유로운 근무 형태로 일하는 사람들에게는 오히려 명확한 책임감이 요구된다. 이들은 자신이 맡은 일의 결과에 따라 다음 의뢰나 프로젝트 기획을 얻기 때문이다. 일을 스스로 챙기고 관리할수록 더 많은 기회를 만들 수 있기에 이들에게는 자율 속에서도 목표를 완수하는 워크그릿이 필요하다.

영어 번역 일을 하는 프리랜서 워킹맘 E는 번역 회사로부터 비정기적으로 일을 받는다. 중간 보고일이 내일로 다가왔지만 평소보다 어려운 과업이라는 생각이 들어서인지 좀처럼 진도가 나가지 않는다. 두 아이가 어린이집에 가 있는 동안 꾸역꾸역 작업을 해보아도 시간이 턱없이 부족하다. 결국 아이들이 하원을 한 후 저녁 식사를 챙겨주고, 씻기고, 재운 후에야 일을 할 시간이 생긴다. E는 해야 할 일이 있는 것은 알지만, 좀처럼 책상 앞에 앉기가 힘들다. 그러나 E는 이내 마음을 고쳐먹고 '일단 한 페이지만 더 작업해 보자'고 생

----

* 특정 회사에 소속되지 않고, 과업 또는 단기 프로젝트 단위로 노동을 제공하는 사람을 의미한다.

각한다. 이 일을 성공적으로 끝내면 경력 한 줄이 추가되는 것이다. 책상 앞에 앉은 E는 자신을 다독이며 추가작업까지 이어나간다. 소파에 앉아 있는 자신을 일으키는 것보다 일단 작업을 시작한 후에는 조금 더 탄력이 붙는 것이 스스로 느껴진다.

기업강사 F는 앞으로 1년간의 강의 일정이 모두 예정된 인기 강사다. 많은 기업에서 F를 섭외하려고 하며, 동료 강사들 사이에서도 부러움의 대상이다. 하지만 이렇게 자리를 잡기까지는 큰 노력이 필요했다. 업무를 지시하는 상사가 없고, 협업을 해야 하는 팀원이 없으니, 모든 작업은 F의 자율에 맡겨진다. F는 남들과는 차별화된 강의를 만들기 위해 10여 년 전부터 매달 20권의 책을 읽고 내용을 정리하는 습관을 유지하고 있다.

출강 기업의 미션과 비전, 목표를 꼼꼼히 정리하는 것은 물론 고객사의 최근 이슈까지 파악해 교육생 분석을 한다. 강의 후에는 고객사에 피드백을 요청해 다음 강의에 반영하는 등 고객사와의 소통에도 적극적이다. 운이 좋은 것처럼 보이지만, F의 성공과 성장 동력은 워크그릿이었다.

›› 느슨한 워크그릿과 단단한 워크그릿

현실에서 일하는 사람들은 흥미보다 '책임감'과 '직업윤리'로 일하는 경우가 훨씬 많다. 당장의 일이 재미있지 않더라도, 맡은 일은 끝까지 해내야 한다는 의무감으로 버틴다. 일에 대한 개인 목표는 없지만, 동료에게 피해를 주지 않기 위해 맡은 일을 묵묵히 해낸다. 바로 이 지점에서 '그릿'과 '워크그릿'의 차이점이 나타난다. 일반적으로 그릿은 열정과 장기 목표를 향한 노력을 의미하지만, 워크그릿은 열정을 기반으로 하지 않아도 어느 정도 발휘할 수 있다.

물론 워크그릿의 강도와 지속성은 사람마다 다르다. 일하는 사람이라면 누구나 어느 정도의 워크그릿을 지니고 있는데, 어떤 사람은 그릿을 깊이 있게 발휘하고, 어떤 사람은 상대적으로 약하게 발휘한다. 일에 흥미가 있다면 좋겠지만, 흥미가 없다고 해서 워크그릿이 발현되지 않는 것은 아니다. 특정한 목표나 흥미 없이 일을 해 나가는 사람들의 그릿을 '느슨한 워크그릿(tentative work grit)'이라고 부른다. 느슨한 워크그릿은 명확한 장기 목표 없이도 단기로 업무를 끝까지 수행하려는 태도를 포함한다. 당장의 할 일을 처리하기 위해 혹은 상사의 기대를 충족하기 위해 일시적으로 힘을 내는 상태다. 반복적이거나 익숙한 과업을 '해야 하니까 하는' 사람들에게 발휘된다. 느슨한 워크그릿을 가진 사람은 기본적인 책임감을 가진 사람이긴 하지만, 일을 하다가 쉽게 지치거나 동력을 잃기도 한다.

반면 '단단한 워크그릿(resilient work grit)'을 지닌 사람은 다르다. 이들은 단순히 주어진 일을 해내는 것에서 그치지 않고, 자신의 일에 의미를 부여하며 스스로 동기를 만들어 낸다. 단단한 워크그릿은 책임감과 직업윤리를 넘어, 그 일을 '좋아하는 마음' 또는 '배우고 성장하려는 내적 동기'에서 비롯된다. 자신이 하는 일에 흥미나 자부심을 느끼고, 그 일의 가치를 인정할 수 있는 사람은 장기적으로 흔들림 없는 몰입을 유지한다. 이러한 사람은 장기 목표를 중심으로 단기 목표를 조율하며, 점진적인 성취를 통해 더 큰 성과를 거둔다. 장기적인 관점에서 볼 때 워크그릿의 정도는 큰 차이를 만든다. 지속가능한 성과와 성장은 단단한 워크그릿을 기반으로 만들어진다.

워크그릿이 단단한가, 느슨한가는 개인의 일에 대한 목표와 열정에 따라 달라진다. 중요한 것은 누구나 처음에는 느슨한 워크그릿에서 출발하는 경우가 많으며, 상태를 자각하고 업무와 연결된 의미를 찾을 때 단단한 워크그릿으로 발전한다는 점이다. 단단한 워크그릿은 책임감의 연장이 아니라 자기효능감,* 성장 욕구 그리고 일에 대한 몰입에서 비롯되는 내적 에너지다. 주어진 일만을 하는 느슨한 그릿보다는 반복되고 추가되는 업무 속에서도 스스로 일의 의미를 찾고 꾸준히 반추하며 나아가는 사람은 결국 자신의 최종 목표를 이룬다. 특히 한국의 일터에서는 워크그릿이 강하게 나타나는데, 이는 한국인 특유의 책임감 있고 성실한 태도이기도 하다.

단단한 워크그릿을 기르기 위해서는 자신의 느슨한 워크그릿을

---

* 개인이 주어진 상황에서 필요한 행동을 실제로 잘 해낼 수 있다고 믿는 신념이다.

인지하고, 일과 관련한 작은 목표를 세우는 것이 중요하다. 처음에는 억지로라도 시작해 보자. 그리고 목표를 이루기 위해 정확한 연습을 반복하면 그 과정에서 실력은 쌓이고, 더 잘하고 싶은 동기가 생긴다. 그렇게 단단한 워크그릿을 지니게 되면 마침내 성취의 문에 도달할 수 있다.

나는 어떤 워크그릿을 지니고 있는지 스스로에게 질문해 보자. 하루하루 성실히 일하고, 주어진 업무를 해내기 위해 고민한다면 이미 느슨한 워크그릿을 갖춘 사람이다. 10년 뒤에 하고 싶은 일이 있는지, 5년 뒤에 이루고 싶은 목표가 있는지, 3년 뒤에는 어떤 일을 잘하고 싶은지를 스스로 물어보자. 그리고 그 질문에 대해 이루고 싶은 마음이 생긴다면, 워크그릿을 단단하게 만들 준비가 된 사람이라 할 수 있다.

>> 워크그릿 구성요소 1 - 지속적 노력

워크그릿은 지속적 노력, 적극적 학습, 긍정적 사고로 구성되는 개념이다. 이 중 지속적 노력은 업무가 어렵거나 거절하고 싶어도 일을 끝까지 해내려는 성향이다. 사람들은 업무 상황에서 서로 다른 이유로 노력하는데, 그 동기는 개인마다 조금씩 다르다. 이러한 차이를 몇 가지 유형으로 나누어 살펴볼 수 있다.

첫째는 책임감을 기반으로 한 유형이다. 이 유형은 맡은 일을 끝까지 해내야 한다는 직무적·도덕적 책임감과 조직의 기대, 시작한 일은 마무리해야 한다는 완수 의지 등을 바탕으로 꾸준히 노력한다. 일에 큰 의미를 부여하지는 않지만, 기본적인 성실함으로 일을 해내는 특징이 있다. 이러한 유형은 현재 하고 있는 일이 꼭 좋아하는 일은 아닐 수 있다. 하지만 목표를 향해 가야 한다는 인식이 있기 때문에, 흥미와 상관없이 책임감을 가지고 일을 이어 간다.

둘째는 흥미, 문제해결을 위해 노력하는 유형이다. 일 자체에 대한 몰입, 재미, 창의적인 문제를 해결하는 흥미가 지속적 노력을 이끄는 경우다. 단순한 책임감이나 외부의 기대보다 스스로 일에 흥미를 갖고 있으며, 몰입하고 싶은 여러 이유가 존재한다. 문제를 스스로 해결해 보고 싶은 호기심과 몰입의 즐거움이 노력의 원천이 된다. 일반적인 그릿에서는 이러한 열정과 흥미가 가장 중요한 요소다. 좋아하는 일이라면 더 열정을 갖게 되고, 더 오래 노력할 수 있는 그릿을 발휘할 수 있다. 좋아하는 일과 그 일을 잘하고 싶어하는 열정, 그때 발휘되는 그릿과 그렇지 않은 그릿은 그릿의 품질과 지속성 측면에서 차이가 날 수 있다.

셋째는 관계를 중시하는 유형이다. 동료, 상사, 고객, 가족 등 타인과 원만한 관계를 유지하고, 신뢰를 지키기 위해 워크그릿을 발휘하는 유형이다. 관계에 대한 기대, 지지, 보살핌, 공감 등이 개인의 지속적인 노력을 유도한다.

넷째는 성장, 성과, 가치를 중시하는 유형이다. 이 유형의 사람들

유형	특징	유형별 실제 응답 예시*
책임감 기반	하는 일에 대해 책임감을 지니고 끝마치고자 함	"제가 월급을 받고 하는 일이니까 하게 됐어요."
흥미, 문제해결 중심	재미와 호기심이 근간이 되어 과업을 완성하고자 함	"해결하면 어떻게 될지 궁금하더라고요. 재미있어요."
관계 중시	일에 관계된 동료, 상사, 고객 등과의 좋은 관계 유지, 상대방을 위한 마음에서 노력하게 됨	"팀장님을 실망시키고 싶지 않았어요." "내가 일을 제대로 하지 않으면 다른 사람이 그대로 피해를 보니까요."
성장, 성과, 가치 중시	개인의 성과와 커리어 성장을 기대하거나 사명감을 바탕으로 열심히 노력하는 유형	"이 일을 해내면 다음 기회가 생길 것이라고 생각했어요."

* 저자가 수행한 연구 인터뷰에서 실제로 도출된 응답이다.

은 지금 하는 일이 미래에 증명되거나 경력상 의미 있는 성취를 낼 것이라는 미래 지향적 동기를 갖고 지속적으로 노력한다. 여기에는 성과를 통해 실력을 인정받으려는 욕구, 기회의 확장, 일의 가치에 대한 내적 동기화 등이 포함된다. 이러한 유형일수록 일에 의미를 부여하고, 그 일이 자신의 성장과 연결된다고 느끼기 때문에 실패와 어려움 속에서도 단단하게 노력한다.

앞의 표는 네 가지 지속 유형에 대해 핵심 키워드와 실무 사례를 볼 수 있다. 많은 사람은 이 중 한 가지 이상의 이유로 업무에 그릿을 발휘한다. 일반적인 그릿에서는 '흥미'가 가장 중요시되는데,[29] 흥미가 없으면 열정적인 노력이 이어지기 쉽지 않기 때문이다. 그러나 워크그릿은 책임감을 느끼고 일을 하거나 동료와의 관계를 중요하게 여기며 일을 해 나가는 사례도 많이 찾을 수 있다.

워크그릿 구성요소 2 - 적극적 학습

워크그릿의 또 다른 중요한 요소는 적극적 학습이다. 적극적 학습은 문제가 발생했을 때, 적극적 학습을 통해 개선하는 행위를 의미한다. 여기서 말하는 문제는 자신의 지식과 기술로는 해결되지 않는 문제일 수도 있고, 다른 사람이나 외부적인 요인으로 일이 제대로 풀리지 않는 경우도 포함한다. 이를 해결하기 위해 사람들은 다양한 방식으로 학습할 수 있다.

첫 번째는 성찰에 기반하여 학습하는 유형이다. 과거의 실수나 성공 경험 또는 다른 사람의 사례를 분석해 얻은 교훈을 새로운 상황에 적용하는 유형이다. 예를 들어 광고 입찰에 참여하였으나 최종 업체로 선정이 되지 않았을 경우, 코딩을 하다가 문제가 생겼을 경우에 어떤 이유일까 곰곰이 성찰해 보는 것이다. 같은 실수를 반복하지 않기 위해 자신의 행동을 점검하고, 다양한 방법으로 피드백을 요청하며 축적된 경험을 업무에 적극적으로 반영한다. 반성만 하고 끝나는 것이 아니라, 다음 업무 상황에서 다른 방법으로 시도하는 유형을 의미한다.

■ 적극적 학습 유형

유형	특징	대표 예시
성찰 기반	과거의 실패, 성공, 타인의 사례 등 경험을 기반으로 학습하고, 이를 업무에 적용함 → 회고, 실수 복기, 사례 반영	• 이전 프로젝트에서의 실수를 기록해 다음 계획에 반영 • 선배의 사례를 보며 같은 실수를 반복하지 않음
자료 탐색	혼자서 학습자료를 찾거나, 문제에 대한 답을 스스로 탐색하면서 깨우침 → 검색, 실험, 반복 연습, 문헌 탐색 등	• 오류가 나면 직접 매뉴얼이나 코드를 찾아 해결 • 목표 달성을 위해 필요한 내용을 적극적으로 학습 • 성공한 선배의 인터뷰를 보며 해결 방법을 내 상황에 맞게 응용
네트워크 활용	동료, 선배, 상사, 커뮤니티 등 주변 자원을 통해 학습함 → 질문, 피드백 요청, 커뮤니티 탐색	• 모르는 업무가 생기면 동료에게 적극적으로 질문 • 사내 커뮤니티(슬랙, 밴드 등)에서 관련 사례 찾아 해결 • 외부 전문가에게 직접 피드백 요청 또는 워크숍 참여

두 번째는 자료 탐색형이다. 이 유형은 문제를 해결하기 위해 자료를 탐색하고 답을 찾기 위한 다양한 시도한다. 문제가 발생했을 때 매뉴얼이나 관련 문헌을 찾아보거나 인터넷 검색, 관련 실험을 하면서 직접 배운다. 문제 상황에서 스스로 해결방법을 찾으려고 노력하는 유형이다. 이 외에도 유튜브나 강의 사이트 등 다양한 학습 자료를 활용해 문제를 개선해 나간다. 이처럼 자료를 탐색하고 학습

을 통해 문제를 해결해 가는 유형을 의미한다.

세 번째는 네트워크 활용형이다. 혼자 고민하기보다 주변 사람과의 교류를 통해 문제를 해결하고 배우는 유형이다. 동료나 선배, 상사에게 질문하거나, 조직 내부의 커뮤니티 또는 외부 전문가 네트워크를 적극 활용한다. 적극적으로 소통하고 도움을 요청하면서 더 나은 방법을 찾는다.

살펴본 것처럼 워크그릿의 한 특성인 적극적 학습은 개인의 성향이나 업무의 성격에 따라 여러 방식으로 나타난다. 중요한 것은 어떤 방식이든 배움을 멈추지 않는 태도 자체가 바로 워크그릿의 핵심이라는 점이다. 목표 달성을 가로막는 어려움을 해결하려면 결국은 학습하거나 더 나은 방식을 찾아 시도하는 과정이 필요하기 때문이다.

>> 워크그릿 구성요소 3 - 긍정적 사고

긍정적 사고는 업무 상황에서 발생하는 상황을 긍정적으로 해석하는 태도를 의미한다. 이러한 긍정적 사고는 상황에 따라 세 가지 유형으로 나눠볼 수 있다.

먼저 해석 전환형 사고는 업무 중에 예상치 못한 문제나 어려움이 발생했을 때 이를 긍정적으로 해석하려고 노력하는 유형이다. 예를 들어 새롭게 출시한 제품에 고객 컴플레인이 쏟아지는 상황이 발생했다고 가정해 보자. 이러한 상황을 부정적으로만 해석하기보다 '불만이 있다는 것은 이 제품을 현재 사용하고 있고, 제품에 대해 기대한 바가 있다는 의미다. 적극적으로 피드백을 모아봐야겠다'라고 부정적인 상황에서 관점을 전환하고 상황을 재해석하는 태도다.

다음으로 기회 수용형 사고는 새로운 과업이나 도전, 변화가 주어졌을 때 두려움보다 이를 통해 내가 성장할 수 있을 것이라고 생각하는 사고방식이다. 예를 들어 데이터 분석 업무를 맡은 지 얼마 안 되었는데 인공지능 모델 고도화 프로젝트에 참여하라는 지시가 생겼을 때 '내가 우리 조직에서는 제일 먼저 이 분야에 대해 많은 학습을 할 수 있겠구나'라고 생각하는 것을 의미한다. 새로운 업무를 기

■ 긍정적 사고 유형

유형	특징	유형별 실제 응답 예시
해석 전환형 사고	업무 중 예상치 못한 문제나 어려움이 발생했을 때 이를 부정적으로 보지 않고, 다른 관점에서 의미를 찾아보려는 사고 방식	"솔직히 예상 못한 일이었는데, 이 일을 통해 프로세스를 다시 정리할 수 있겠다 싶었어요."
기회 수용형 사고	새로운 업무나 미지의 도전이 주어졌을 때 기회 또는 성장의 발판으로 해석하려는 사고방식. 변화 자체를 거부하지 않고 환영하는 성향	"잘할 수 있을지는 모르겠지만, 안 해보면 성장도 없을 것 같더라고요."
성찰형 사고	힘들었던 경험을 자기성장의 계기로 해석하려는 사고방식	"감정적으로 많이 소모됐던 일이었지만, 그 경험 덕분에 저의 일하는 방식을 다시 보게 됐어요."

회로 볼 것인지, 귀찮은 업무로 여길 것인지는 개인의 해석에 달려 있다.

마지막으로 성찰형 사고도 긍정적 사고의 한 모습이다. 힘들었던 경험이나 실패, 감정소모 등의 상황을 나에게 도움이 되었던 '경험'으로 통합하고 자기성장의 계기로 해석하려는 사고방식이다. 즉 과거를 부정하지 않고 배움으로 받아들이는 것이다. 실패한 일을 되짚어 생각해서 성찰 포인트를 찾고, 자신의 수행에 반영하는 것이 성찰형 사고라 할 수 있다.

›› 일에 뚜렷한 목표를 세워야 워크그릿이 자란다

이제 일과 관련된 목표에 대해서 이야기해 보자. 연구나 강의현장에서 만나는 사람들에게 "지금 하고 있는 일과 관련하여 갖고 있는 목표가 있나요?"라는 질문을 던지면, 10명 중 4명은 "목표를 생각해 본 적 없다"라고 답한다. 주어진 일을 하루하루 성실히 하는 것에 중점을 두고, 일에 대한 계획이나 목표를 생각해 본 적이 없는 사람들이 생각보다 많다. 3명은 자신의 목표에 대해 지금 하는 일을 완료하는 것, 즉 조직에서 개인에게 주어진 연간목표를 달성하는 것이 자신의 목표라고 이야기하고, 2명은 자신이 일로 이루고 싶은 것을 한 개의 목표로 답한다. 나머지 1명만이 명확한 장기 목표와 이를 바탕으로 매년 달성해야 할 세부 목표를 갖고 있다.

그릿을 좀 더 단단하게 만들기 위해서는 일단 목표를 세워야 한다. 조직에서는 매년 개인의 KPI(key performance indicator, 핵심성과지표)를 수립하는데, 이러한 목표 위에 개인이 달성해야 하는 상위 목표를 갖추는 게 좋다. 워크그릿을 갖춘 사람이라면 개인의 KPI 달성뿐 아니라, 조직 내 KPI가 개인이 일로 이루고 싶은 상위 목표와 어떻게 연결되는지 잘 알고 있을 것이다. 나의 직업 목표가 무엇인지 모르겠다면, 나와 비슷한 직업을 찾아보고 그 사람의 목표를 바탕으로 생각해 보는 것이 좋은 방법이다.

일과 관련한 목표를 생각해 본 적 없다고 대답하는 사람 중에서도 개인적인 목표나 희망사항은 있을 수 있다. 워크그릿에서는 이러한 개인의 목표를 업무와 연계하여 일에서 노력이 발현될 수 있도록 해야 한다. '영어로 자유롭게 말하기'라는 개인적인 자기계발 목표를 '담당 고객 미팅을 영어로 리드해 보기'처럼 업무 맥락에서 생각해 볼 수도 있다. 일과 관련된 목표를 수립하는 것이 막막하다면, 다음과 같은 질문을 통해 현재 업무와 희망하는 미래를 연결해 보자.

- 현재 하는 일에 대한 나의 실력은 어느 정도인가?
- 내가 지금 하는 일을 잘하게 되면, 그다음에는 어떤 일을 맡을 수 있을까?
- 5년 후, 10년 후 나는 어떤 일을 하고 있을까?

이러한 질문에 대해 스스로 대답해 본다면 업무의 방향성과 일에 대한 개인적인 의미가 구체화될 수 있다.

목표는 다양한 범주로 나눌 수 있다. 시간 범위에 따라 단기와 장기 목표로 나눌 수도 있고, 최종 성과에 중점을 두는 결과 목표, 목표를 달성하기 위한 과정 및 행동에 중점을 두는 과정 목표로 구분할 수도 있다. 또한 구체적이고 측정할 수 있는 것부터 추상적이고 광범위한 내용까지 다양하다.

워크그릿에서 말하는 목표는 '일과 관련된 것'을 뜻한다. 조직의 미션과 연관된 목표나 직무 기술서에 제시된 역할을 충실히 수행하는 것을 의미할 수도 있다. 또한 일을 통해 얻고자 하는 성취가 되기도 한다. 조직의 목표나 직무 기술서 내용을 바탕으로 세우는 목표로는 제품 고장 해결, 불량률 최소화, 생산성 향상, 납기 준수, 소비자 만족, 브랜드 인지도 향상, 시장 점유율 확대, 신규고객 확보, 성과 최적화 등이 대표적이다.

이 밖에도 일하는 사람들은 개인적이고 경력 중심적인 목표를 세우기도 한다. 예컨대 특정 직급으로 승진하기, 최우수 성과평가 3년 유지, 연봉의 100% 성과급 받기, 폭 넓은 인적 네트워크 유지, 상사에게 인정받기, 멋진 선임되기, 승진에 도움이 되는 자격증 취득, 새로운 업무에 적응 등이 있다. 또한 협력사가 속한 나라의 언어 배우기, 프레젠테이션 역량 강화, 해외 근무 경험, 경제적 자유 확립, 리더십 개발, 혁신 제품 기획, 직장인 경진대회 입상, 워라밸 확보 역시 직장인들에게 흔한 목표로 꼽힌다.

↳ 내재적 목표와 외재적 목표

목표는 성격에 따라 내재적 목표와 외재적 목표로도 구분된다. 내재적 목표에는 개인적 성장이나 자기효능감 및 자아실현, 삶의 의미 등을 포함한다. 예를 들어 내 분야에서 전문성 갖추기, 나의 경력 정체성 찾기, 행복하게 일하기, 봉사하는 삶 살기, 부모로부터 인정받아 나의 자기효능감을 높이기 등이 있다. 반면 외재적인 목표는 보상, 지위, 권력, 자격증 취득 등 가시적인 것과 관련된 목표다. 구체적으로 회계 분야 총책임자 되기, 성과평가 최우수 받기, 자산 20억 원 마련하기, 나의 노하우를 바탕으로 한 회사 설립 등이 이에 해당된다.

외재적 목표는 일시적인 성취로 끝나는 경우가 많지만, 내재적인 목표는 개인의 지속적인 성장이나 자아실현, 삶의 만족도와 관련된 부분이 많아서 장기적으로 더 의미 있고 가치 있게 보이기도 한다.

목표를 설정하는 데 정답은 없지만, 구체적이고 단계적으로 설정하면 좋다. 회사가 조직의 미션, 비전, 목표를 수립하고 실행하듯이, 개인의 일과 관련된 목표도 최상위 목표를 기반으로 세부 목표를 나열할 수 있다면 구체적인 실행이 더욱 수월해진다. 눈앞에 보이는 목표부터 달성하다 보면 어느새 오랫동안 꿈꿔왔던 것들이 차곡차곡 쌓인 것을 확인할 수가 있다.

워크그릿을 연구하며 다양한 사람들을 만난다. 이들의 목표를 모아 두고 분류해 보니 다음과 같은 공통점이 있었다. 첫째는 눈에 보이는 성과·사회적 인정 중심의 목표다. 주로 자신이 담당하는 업무에서 눈에 보이는 성취를 원하는 외재적인 목표와 연관이 있었다. 또한 성취를 바탕으로 승진, 수상 같은 사회적인 인정을 받고 싶어 했다.

둘째는 개인적인 실력 향상이나 성장을 느끼는 것과 관련된 목표다. 스스로 성장했다고 느낄 수 있거나, 실력 향상, 배움, 도전, 새로운 기회, 창작 같은 경험 자체를 중요한 성과로 삼는 경우다. 예를 들어, 글로벌 강연 무대인 TED에서 연구주제로 강의하기, 유명 영화 자막 번역 등 자신의 업무를 수행하면서 전문성을 갖췄을 때 돌아오는 결과나 기회와 관련된 목표인 경우가 많다. 외부 성과보다는 자신의 능력을 키우고 배우는 것이 중심인데, 이 유형의 경우 많은 경험과 성장이 뒷받침되어야 하므로 시간이 오래 걸린다.

셋째는 사회적 기여·공공의 가치 중심의 목표다. 이는 사회와 산업, 지역에 긍정적인 영향을 미치고 변화를 만들어 내려는 목적이 강한데, 공무원이나 공공기관 직원들의 목표가 이에 해당하는 경우가 많다. 꼭 공무직이 아니더라도, 기업의 설립목적이나 개인적 소명이 사회적 기여에 맞닿아 있는 사람들은 이러한 성격의 목표를 지닐 수 있다. 개인의 성장보다는 사회적 변화와 공공의 이익에 대한 기여를 더 중요한 가치로 삼는 경우다.

넷째는 정서적 안정 및 관계 기반의 목표다. 이 유형은 직업과 관계

■ 성과·사회적 인정 중심 목표의 특성

목표의 특성	유형설명	키워드
외적 성취 및 사회적 인정	수치적 목표 달성, 승진, 수상, 금전적 보상, 자격 취득 등 외부에서 인정받을 수 있는 성과 중심	승진, 수익, 매출, 수상, 인증

직업	목표 예시
식품 개발자	비건 식품기술 개발 및 특허 출원
회사원	실버타운에 입성할 자금 10억 원 마련
모바일 게임 운영자	유저 리뷰 점수 4.9 이상 유지
화장품 매장 관리자	매장 이익률 20% 개선 성공 후 점포 경영 자문가 되기
호텔 프론트 매니저	우수사원 연속 3회 달성
연구소 엔지니어	차세대 전기차 부품 신뢰성 시험 기술 개발
데이터 분석가	AI 기반 수요예측 시스템 개발로 부서 KPI 150% 달성
모델 트레이너	비정형 건강데이터 기반의 AI 모델 성능 최적화하기
입점 브랜드 매니저	신규 입점 브랜드 매출 2배 성장
보컬 트레이너	유명 오디션 프로그램 트레이너 활동
임상시험 코디네이터	백신 신약 임상 1상 성공 프로젝트 주도
가전제품 AS 기사	성과급 월 200만 원 이상 받기
마케팅 전략가	글로벌 메이크업 브랜드 론칭 캠페인 총괄
입출고 관리자	물류 효율화 알고리즘 개발로 창고 운영비 30% 절감
테스트 엔지니어(반도체)	공정 테스트 프로세스 개선으로 불량률 감소
게임 운영 기획자	게임 스토리 기반의 유저 충성도 200% 향상 프로젝트 완수
입점 브랜드 매니저(패션)	패션 편집숍 브랜드 큐레이션 책임자
조명감독	대표작으로 업계에서 인정받는 조명 연출 완성
제품 디자이너(패션)	친환경 소재 중심의 패션 브랜드 론칭
건설현장 소장	현장 안전사고 0건 유지 및 안전관리 우수사례 선정

■ 개인적 실력 향상 목표의 특성

목표의 특성	유형 설명	키워드
개인적 성장	실력 향상, 배움, 도전 등 스스로 성장했다고 느끼는 목표	실력, 배움, 창작, 도전, 자기효능감

직업	목표 예시
패션 디자이너	매년 국내 대표 공모전에 한 점 이상 출품
온라인 학원 강사	새로운 교수학습법을 수업에 적극적으로 반영하기
지식재산권 관리 담당자	글로벌 특허관리 컨퍼런스에서 사례 발표
연구자	TED 강연에서 연구주제로 강의하기
베이커리 사장님	유튜브 100만 구독자 베이킹 채널 운영
프리랜서 번역가	유명감독 영화 자막을 전담하여 번역 실력 향상하기
설계보조 디자이너	건축 잡지 표지에 내 도면이 실리는 것
상품기획자(여행사)	세계문화유산을 소재로 한 여행 프로그램 론칭
전시기획가	전시별 기획 과정과 결과를 정리한 포트폴리오 만들어 나가기
웹툰 작가	영화화되는 화제작을 만들 수 있는 센스 갖추기
약사	고객에게 편안하고 전문적인 상담을 제공할 수 있는 역량 보유

■ **사회적 기여·공공의 가치 중심의 목표의 특성**

목표의 특성	유형 설명	키워드
사회적 기여·공공적 목표	사회·산업·지역에 긍정적 영향을 미치고 변화에 기여하려는 목표	공헌, 변화, 영향력, 지역사회, 산업개선

직업	목표 예시
온라인 교육 콘텐츠 기획자	교육 격차 해소용 디지털 콘텐츠 표준화 프로젝트 리더
마케팅 부서 직원	브랜드 캠페인을 통해 사회적 메시지를 전파하는 마케터
간호사	환자의 정서적 회복까지 챙기는 실천가
소방 공무원	화재예방 기술 선진화를 통해 더 많은 사람 살리기
교통 분석가	교통 정책에 영향을 주는 대규모 시뮬레이션 결과 발표
지역개발 정책 담당자	지방소멸 대응을 위한 인구유입 정책 설계 참여
기금 운영 담당자	우수 기금운영 사례 만들기
태권도 학원 관장	국가대표 배출
사회복지 전담 공무원	담당구역 내 소외되는 어르신 없게 하기
대학 산학협력단 직원	지역 스타트업과 연계한 산학 공동 특허 등록
행정 실무원	담당 학교의 원활한 운영을 위한 지원
기금 운영 담당자	비영리 펀드의 투명 운영 사례로 국제 포럼 발표
교통 분석가(도시계획)	AI 기반 교통예측 모델 개발 후 공공 서비스 적용

목표의 특성	유형 설명	키워드
정서적 안정	감정적 안정, 워라밸, 에너지 회복, 가족·동료와의 관계 유지 및 개선	워라밸, 감정회복, 관계, 여유, 재충전

목표 예시
협력부서와 원활한 협업체계 구축
행복한 경력보유 여성 되기
워라밸 지키며 반려견과 행복하게 살 수 있을 정도로만 일하기
팀원들과 문제없이 지내기
고객의 막말에 상처받지 말고, 문제 속에 숨은 요청을 찾아내기
원장–스태프 간 긍정 피드백을 주고받는 행복한 일터 만들기

없이 일하는 상황에서의 감정적인 안정, 사람들과의 교류, 일과 삶의 조화에서 안녕감을 느끼는 등 심리적 웰빙과 관련되어 있다. 예를 들어 워라밸을 지키며 반려견과 행복하게 살 수 있을 정도로 일하기, 고객의 말에 상처받지 않고 문제 속 요청 파악하기와 같은 것이다. 이러한 목표는 특정 직업의 업무와 긴밀하다기보다는 개인의 안녕과 사회적인 관계에 조금 더 중점을 두며 직업과 상관없이 도출될 수 있다.

이처럼 목표는 지향하는 바와 동기의 방향에 따라 성과 중심, 성장 중심, 공공 중심, 정서적 안정 중심 등 네 가지로 나눌 수 있다. 각각의 유형은 사람이나 직업에 따라 다르게 나타나며 하나의 목표가 반드시 한 유형에만 속하는 것도 아니다. 예를 들어 외적 성과를 지향하는 목표가 개인적 성장의 중요한 동기가 되기도 하고, 개인의 실력 향상이 결과적으로 사회적 기여로 연결되는 경우도 있다.

각 목표 유형은 서로 분리된 것이 아니라, 겹치고 연결되며 개인이 어떤 의미를 부여하느냐에 따라 다르게 해석될 수 있다. 앞서 제시한 목표는 해당 직업에서만 나타나는 것도 있고, 유사한 직업에서 공통으로 설정할 수도 있다. 물론 같은 직업군에 속한다고 해서 모두 동일한 목표를 갖는 것은 아니다. 이제 스스로에게 질문해 보자. '나는 어떤 유형의 업무목표를 갖추고 있는가?'

>> 얼마나 오래 걸려야 장기 목표일까

그릿을 학문적으로 연구한 심리학자 앤절라 더크워스는 '장기적인 목표에 대한 일관된 관심'을 그릿의 핵심으로 정의한다. 워크그릿 역시 장기 목표를 향한 꾸준한 노력과 지속적인 관심을 강조한다. 그렇다면 여기서 말하는 장기 목표는 얼마나 오래 걸리는 것일까? 사람이나 업무에 따라 '장기'의 기준은 매우 다르다. 어떤 직무에서는 일주일이 소요되는 업무가 장기 목표일 수도 있고, 다른 직무에서는 1~2년이 필요한 업무일 수도 있다. 시간을 예측하기 어렵지만 끝이 명확한 목표 역시 장기 목표일 수 있다. 예를 들어 '좋은 회사에 취업하기'를 목표에 둔 사람은 꿈을 이루면 목표가 사라진다. 그런 경우에는 그다음 목표를 설정해야 한다.

힙합 듀오 지누션의 션은 2009년, 루게릭병으로 투병 중이던 박승일 전 농구선수를 만나게 된다. 루게릭병은 뇌와 척수의 운동신경세포가 점점 소멸해 근육이 위축되고 마비되는 질환으로, 현재까지 진행을 완전히 멈추거나 회복시키는 치료법이 없어 환자와 가족에게 육체적, 정신적 고통을 주는 병으로 알려져 있다. 션은 루게릭병 환자들의 고통과 치료 환경의 열악함을 전하는 박승일 선수의 모습에서 깊은 울림을 받아 루게릭요양병원 건립을 자신의 목표로 세웠다.

2011년부터 병원 건립을 위한 모금 활동을 이어왔고 노력의 결실로 2025년 3월 31일에 세계 최초 루게릭병 전문 요양병원인 승일희망요양병원을 개원했다.[30] 루게릭 요양병원 건립은 단기간에 달성할 수 있는 일이 아니었다. 무려 14년이 걸렸고, 전례가 없던 요양병원이기에 설립하는 과정에서 많은 것을 기획하고 고려해야 했다. 모금이 예상만큼 모이지 않은 적도 있고, 병원 설립 인허가 과정에서도 많은 난관이 있었다. 그럼에도 그는 중도에 목표를 포기하지 않았고, 결국 자신이 세운 장기 목표를 끝까지 이루어 냈다.

성실함과 몰입, 워크그릿의 결정적인 차이

워크그릿은 단지 성실하게 일하는 태도나 현재의 업무에 몰입하는 상태만을 의미하지 않는다.[31] 장기적인 관점에서 지치지 않고, 목표를 향해 지속적으로 노력하는 것이 핵심이다. 성실성은 주어진 일을 빠트리지 않고 근면하게 수행하려는 태도를 의미한다. 예컨대 최고의 카피라이터가 되겠다는 목표를 세운 사람이 조직에서 좋은 평가를 받고, 선배들의 작업 과정을 보기 위해 한 시간 일찍 출근하는 것은 성실함의 영역이다. 여기에 선배들의 작업 노하우를 메모하고, 자신의 상황에 대입하여 성찰하고, 업무에 적용하려는 노력이 더해져야 비로소 워크그릿이라고 할 수 있다.

단순히 '나는 매일 한 시간 일찍 출근하니까 워크그릿이 충분해'라고 하기에는 학습한 것에 대한 성찰과 활용이 없다. 나의 업무목표나 경력목표와 연결해 더 나은 행동을 모색하지 않는다면 워크그릿은 단단해질 수 없다. 한번의 성실함과 한 번의 노력만으로 워크그릿을 갖췄다고 하기에는 부족하다. 더 꾸준한 노력과 목표로 향하려는 태도, 당장의 유혹들을 이겨내고 일을 더 제대로 해내려는 노력이 모여야 워크그릿이다.

요즘 일하는 사람들에게 화두인 '몰입(flow)'과도 비교해 보자. 시간이 가는 줄도 모르게 업무에 집중하는 순간을 몰입이라고 한다.[32] 워크그릿이 장기간 애정을 갖고 나의 일에 노력을 쏟는 일이라면, 몰입은 일에 집중하는 순간이다. 워크그릿을 가진 사람의 일상에서 볼 수 있는 모습이 몰입이다.[33·34] 학문적인 영역에서 일과 직무를 넘어서 일하는 사람의 전체적인 몰입 경험을 직원몰입(employee engagement)이라고 하는데, 직원몰입은 인지적 몰입(cognitive engagement)과 감정적 몰입(emotional engagement), 행동적인 몰입(behavioral engagement)

으로 구성된다.[35] 또는 업무몰입(work engagement)이라고 하는데, 업무 활동에 활력을 느끼거나, 헌신하고, 시간의 흐름조차 느끼지 못할 정도로 몰입한 상태로 설명되기도 한다.

그러나 성실성이나 몰입 모두 개인이 일에 대해 지속적으로 노력하는 성향을 의미하기보다는 현재의 상태에 집중하는 순간에 가깝다. 다시 말하면 성실성이나 몰입이 워크그릿과 유사한 개념으로 생각될 수 있으나, 워크그릿은 몰입보다 중장기 관점에서 자기 일을 바라보고 관련된 목표를 해내기 위해 꾸준히 노력하는 개인의 실행 역량에 가깝다.[36]

워크그릿을 발휘하는 데 생기는 삶의 허들

그릿과 워크그릿의 공통점은 목표 달성을 위해 노력하는 과정에서 다양한 어려움이 발생한다는 점이다. 이때 장애요인이 나타났다고 해서 추진하던 일을 멈출 것인지, 아니면 적극적으로 해결하고 앞으로 나아갈 것인지에 따라 많은 갈림길이 생긴다. 목표를 향해 일하는 과정을 허들이 있는 마라톤에 비유해 보자. 가뿐히 넘어가는 허들도 있고, 걸려 넘어지는 허들도 있다. 중요한 것은 넘어졌을 때 다시 일어나 몸과 마음을 추스르고 경기를 이어가는 것이다. 계속 앞으로 나아갈 수 있는 사람이야말로 진정으로 단단한 워크그릿을 지녔다고 볼 수 있다.

직업발달이론을 제시한 학자 수퍼는 연령대별 진로 발달 단계를 다음과 같이 구분했다.[37] 먼저 20대 전후는 탐색기로, 흥미와 능력에 맞는 진로를 찾아가는 시기다. 25~44세는 전문성을 쌓는 시기로, 경력을 축적하며 직업적 안정감을 확보한다. 45~65세는 직업에서 성취를 유지하고, 전문성을 발휘하는 유지기에 해당한다. 마지막으로 65세 이후는 직업에서 은퇴하고, 제2의 삶을 준비하는 시기다.

시기마다 직업 발달을 방해하는 허들이 존재한다. 탐색의 시기인 20대 전후에는 자기 자신에 대한 의심, 불명확한 목표에서 오는 불안함 등이 있다. 20대 이전에 진로와 목표를 정확히 세운 사람은 극히 드물다. 사회와 기술의 발전도 굉장히 빠르기 때문에 20대에 자신의 업을 무엇으로 삼아야 하는지 결정하는 것은 어려운 일이다. 따라서 10대와 20대 초반에는 직업과 흥미를 충분히 탐색하고, 현업 종사자의 이야기를 들어보고, 교육기관에서 제공하는 취업 캠프 등에 적극적으로 참여하는 것이 도움이 된다.

20대 후반부터는 본격적으로 직업인으로서 생활이 시작된다. 이 시기에는 새로운 곳에서 맡는 업무의 어려움과 인간관계에서 겪는 부담이 동시에 찾아온다. 잘하고 싶은 마음은 크지만, 아직 충분한 역량이 갖춰지지 않은, 이른바 사회 초년생 단계다. 법적으로는 성인이지만, 사회 경험이 많지 않아 시행착오를 겪기 쉽다. 의미 있는 업무를 맡고 싶지만, 그보다 먼저 조직의 방향과 문화를 습득해야 하는 시기이기도 하다. 업무 학습량이 많고, 주변 사람과의 관계에도 세심한 주의를 기울여야 한다. 이러한 요소 모두 직업 생활을 어렵게 만드는 요인으로 작용하며, 이를 헤쳐 나가기 위해서는 워크그릿이 필요하다. 내가 왜 이 회사에 들어왔는지, 어떤 목표와 방향을 품고 이 일을 시작했는지를 스스로 되새기며 지혜롭게 성장해 나가는 태도가 필요하다.

30대에 들어서는 직장생활에 적응하기 시작한다. 꼭 조직에 소속되지 않더라도 20대의 경험을 기반 삼아 일을 주도적으로 하는 시기다. 중요한 일을 할 역량이 있고, 심리적으로나 신체적으로도 에너지가 충분하며, 일로 인정받고 승진 가도에 올라와 있는 단계이기도 하다.[38] 20대보다 자신이 하는 일과 필요한 지식, 기술, 태도에 대한 이해가 높다. 그만큼 이직이나 전직을 고려하는 사람도 많다.

그러는 사이 결혼, 임신, 출산, 육아라는 삶의 또 다른 과업이 생긴다. 육아는 여성과 남성 모두에게 워크그릿을 발휘하는 데 큰 장애로 작용한다. 걸려서 넘어져야 하는 장애물이 아니라 넘어야 할 장애물로, 삶의 축복이자 인내를 시험하는 요소다. 그러나 이때 자녀 양육을 도움받을 환경이 갖춰지지 않으면 부부 중 한 사람이 육아를 전담하면서 경력이 단절되는 상황이 발생한다. 나라에서 보장하는 육아휴직 제도가 있지만, 휴직 기간이 끝나도 아이에게는 지속적인 돌봄이 필요하다. 이 때문에 부부 중 한 명은 일을 그만두고 아이를 전담하는 사례가 적지 않다.

40대를 지나 전문성을 발휘하는 시기에는 그동안 쌓아온 역량을 바탕으로 사회에서 중요한 책임을 맡기 시작한다. 이전에는 상사를 따르는 위치였다면, 이제는 스스로 리드해야 하는 역할이 늘어난다. 맡은 일이 계획대로 흘러가지 않는 상황도 빈번해지고, 과거에는 상사에 대한 스트레스가 있었다면, 이제는 기대처럼 따라오지 않는 후배 때문에 받는 스트레스가 더 크게 다가오기도 한다. 육아로 인해 30대에 경력단절을 경험하고 다시 일을 시작하는 경우라면 경력을 꾸준히 이어온 또래보다 다소 낮은 직급으로 출발해야 할 때도 있다. 이전 경력을 잘 살려 일하게 된다면 다행이지만, 생소한 분야에서 커리어를 다시 시작하는 경우도 생긴다. 이러한 상황에서는 낮아진 자존감, 새로운 일에 대한 어려움 등의 다양한 요인이 장애물로 작용한다. 게다가 부모님의 건강도 책임져야 하는 부담도 추가된다.

50대가 되면 임원으로 승진한 동기를 바라보는 동시에 제2의 커리어를 고민해야 하는 시기다. 1등이 최고가 아니라 삶의 행복이 중요한 것을 깨닫는 나이이면서도 1등이 되지 않으면 조직에서 떠날 준비를 해야 하는 시기이다. 요즘은 50대에 처음 퇴직을 경험하는 것이 오히려 생소하게 느껴질 정도로 이직이 잦아지고 있다.[39] 50대가 되면 20대에 가졌던 전문성에 대한 불안, 앞날에 대한 불안이 다시 허들로 등장한다. 그러나 20대와 다른 신체적, 인지적 조건과 목돈이 들어가야 하는 가정상황 또한 어려움으로 추가된다.

이렇듯 20대 이후의 성인에게 직업적 생활을 영위하는 데 있어 다

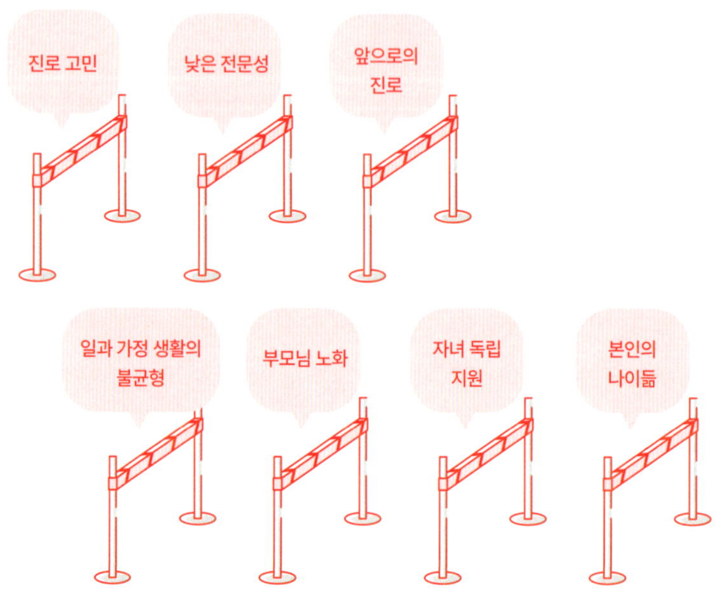

양한 장애요인이 존재한다. 워크그릿이란 허들을 하나씩 넘어가며 나의 목표인 결승선에 도달하는 일이다. 자신만의 허들 마라톤 경기에서 끝을 내는 것이 중요하다. 옆 사람보다 더 빠른 기록으로 1등을 하는 것만이 중요한 게 아니라 자기 일과 관련된 목표에 포기하지 않고 도착하는 것이 워크그릿의 지향점이다.

지구상에 존재하는 사람 중에 똑같은 뇌를 가진 사람은 단 한 사람도 없다. 사람의 뇌는 수백억 개의 뉴런과 그 사이를 잇는 수백조 개의 시냅스로 이루어져 있는데, 뉴런과 뉴런 사이의 연결점은 경험에 따라 다르게 이어진다.[40] 사람의 뇌에는 회로의 관제탑 같은 역할을 하는 내측전전두피질(mPFC, medial prefrontal cortex)이 있다.[41] 내측전전두피질은 자기 인식, 감정 조절, 의사 결정, 사회적 상황에서의 판단 등에 중요한 역할을 한다. 전전두피질(PFC, prefrontal cortex) 바깥쪽 윗부분의 배외측전전두피질(dlPFC, dorsolateral prefrontal cortex)* 은 목표 설정, 문제 해결, 논리적 사고 같은 고차원적인 인지 기능을 담당하는 부위다. 목표지향적 행동을 계획하고 실행하는 데 중요한 역할을 하며, 이 영역이 활성화된 사람일수록 복잡한 문제를 해결하거나 계획을 수립하는 능력이 뛰어나다.[42]

그릿이 높은 사람은 내측전전두피질과 배외측전전두피질을 중심으로 한 신경망의 연결성이 강하다고 밝힌 연구 결과가 있다.[43·44] 신경망의 연결성이 높은 것은 영역 간 정보가 더욱 빠르고 효과적으로 전달되어, 더 복잡한 인지 기능과 행동을 수행할 수 있음을 의미한다.

----

* 전두엽의 바깥쪽 윗부분에 위치하며, 작업기억, 주의집중, 목표지향적 행동 계획 및 실행, 논리적 판단, 문제 해결, 정보 처리 등 고차원적 인지 기능을 담당하는 뇌의 핵심영역이다.

즉 그릿이 높은 사람일수록 뇌에서 자기조절과 실행력을 관장하는 회로가 견고하게 작동한다는 것인데, '하고 싶다'라는 신호가 '끝까지 해낸다'라는 실행으로 이어지기 쉬운 구조를 지녔다는 뜻이다.

하지만 이 연결성이 단지 그릿이라는 특성에만 해당하는 것은 아니다. 뇌과학 측면에서 고성과자, 회복탄력성이 강한 사람, 스트레스에 잘 대응하는 사람, 복잡한 과업을 지속적으로 완수하는 사람에게서 공통으로 강하게 나타난다.[45·46]

실제로 이 회로가 잘 연결된 사람은 예기치 않은 스트레스 상황에서도 감정에 압도되지 않고 냉정하게 문제를 판단하며, 상황에 맞게 계획을 조정해 실행할 수 있다.[47] 또한 단기적 보상에 흔들리지 않고 장기적인 목표를 유지하는 데도 강점을 보인다.[48] 따라서 이 뇌 연결망은 그릿이 높은 사람의 특징이기 이전에, 복잡한 업무 환경에서 성과를 내는 사람에게서 관찰되는 두뇌의 핵심 기반이라고 할 수 있다.

그럼에도 그릿이 높은 사람의 두뇌 구조가 실제로 '감정 조절력'과 '계획 실행력'을 가능하게 하는 회로와 연결되어 있다는 점은 워크그릿이 곧 성과와 지속가능한 성장의 신경학적 기반임을 시사한다. 일터에서 우리는 수많은 스트레스, 갈등, 피로, 실패를 마주한다. 그럴 때마다 동기와 방향을 잃지 않고 일의 의미를 되새기며 계속 나아갈 수 있는 사람은 뇌의 실행 시스템이 정교한 사람이다.

우리가 흔히 아는 외상 후 스트레스 장애(PTSD, post-traumatic stress disorder)가 심각한 외상을 경험한 후 나타나는 심리적 장애라면, 외상 후 성장(PTG, post-traumatic growth)은 트라우마를 남긴 사건을 경험한 개인에게 오는 긍정적인 성장으로, 심리적 변화를 불러오는 개념이다.[49] 일하는 사람에게 외상은 일 자체의 성공과 실패, 사람에 의한 외상이나 조직에서 경험하는 다양한 어려움일 수도 있다. 간혹 외상 후 성장을 회복탄력성(resilience)과 같은 개념으로 생각을 하기도 한다. 그러나 회복탄력성[50·51]은 역경을 겪은 뒤 다시 본래의 상태로 돌아올 수 있는 적응력을 말한다. 이는 다양한 스트레스 상황에서 개인이 얼마나 긍정적으로 반응하는지를 나타내는 개념이다. 다시 말해 예기치 못한 변화를 긍정적으로 받아들이고, 스스로 상황을 통제할 수 있다고 느끼며, 부정적인 감정을 견뎌내는 힘을 의미한다.

반면 외상 후 성장은 외상 이전의 수준을 넘어서는 긍정적인 성장을 얻은 것을 뜻한다.[52] 즉 회복탄력성은 외상 후 성장에 도움을 주는 선행 요인인 것이다.[53] 한 연구에서는 배외측전전두피질의 기능적 연결성이 외상 후 성장에 긍정적인 영향을 준다는 사실이 확인되었다. 특히 이 과정에서 그릿이 두 요소를 연결하는 핵심 역할을 한다는 점이 밝혀졌는데,[54] 배외측전전두피질이 뇌의 여러 영역과 더 활발히 연결될수록 개인의 그릿이 높아지고, 높은 그릿은 외상 후 성장에 도움을 준다는 것이다.

그렇다면 뇌과학적 측면에서 봤을 때 그릿을 높일 방법은 무엇일까? 그것은 바로 심리적 안전감을 확보하는 것이다. 사람은 불안하고 자신이 없어지면 편도체의 반응이 우세해지면서, 그릿을 발휘하는 내측전전두피질의 조절 기능이 충분히 작동하지 못할 수 있다.[55] 뇌는 활성화되는 영역에 에너지를 우선 배분하는데, 불안 상태에서는 편도체가 과도하게 활성화되어 내측전전두피질의 활동이 억제된다.

반대로 안전감과 자신감이 주어지는 상황에서는 편도체가 과도하게 활성화되지 않고, 내측전전두피질에 뇌의 에너지가 배분된다. 업무를 할 때 동료나 상사가 인정과 지지를 보인다면 개인은 심리적 안전감을 느끼고, 내측전전두피질의 기능이 활성화되어 일에 대한 그릿이 발휘될 수 있는 것이다. 실제로 454명의 국내 근로자를 대상으로 조사한 결과, 조직에서 심리적으로 안전하다고 느끼는 환경에 있을수록 일을 쉽게 포기하지 않고 해내려는 워크그릿이 높은 것으로 나타났다.[56]

〉〉 워크그릿이 발휘되는 환경

워크그릿이 잘 발휘되기 위해서는 주변 환경이 무엇보다 중요하다.[57] 목표를 향해 나아가는 과정은 본질적으로 외롭고 고단할 수밖에 없는데, 쉽게 지치지 않고 지속적으로 시도하는 힘은 사람과 문화에서 나온다.[58] 많은 리더십 교육에서는 리더의 역할이 팀원의 성장을 돕는 일이라고 강조하지만, 실제로 구성원의 성장을 진심으로 응원하고 학습을 지원하는 상사는 많지 않다. 오히려 '도와주지는 못할망정 방해만 하지 말아달라'고 말할 정도로 성장 지원에 소극적인 리더도 있다.[59] 하지만 어린아이의 그릿이 부모와 선생님의 칭찬과 인정 속에서 길러지듯이 직장인의 그릿도 상사의 긍정적인 피드백과 인정 속에서 강화된다는 것을 기억하자.

변혁적 리더십은 팀원에게 개인적인 배려를 하거나 성장을 위한 영감과 지적 자극을 제공하는 리더십 스타일을 의미하는데,[60] 이는 워크그릿뿐만 아니라 다양한 심리 성과와 직무 성과에 긍정적인 영향을 준다고 알려져 있다.[61·62] 경청과 대화, 피드백을 바탕으로 구성원의 성장을 돕는 수평적 코칭 리더십도 개인의 워크그릿을 키우는 중요한 환경 요인이다.[63]

리더뿐만 아니라 동료의 응원도 중요하다. 국내 직장인 544명을 대상으로 수행한 연구에서는 '동료가 나를 지지한다'라고 인식하는 것이 워크그릿을 높이는 데 유의미한 영향을 준다는 결과가 나왔다.[64] 직장에서 가장 많은 시간을 함께하며 대화와 협업을 진행해 온 동료가 일의 의미와 어려움을 이해해 주는 것 자체로도 워크그릿을 지속할 요인이 된다.

이처럼 조직에서는 팀원이나 동료의 목표와 노력을 알아주고, 서로 좋은 점에 대해 진심으로 격려하는 문화가 중요하다. 어려운 상황에 부닥친 동료가 있을 때는 그 상황을 공감하고 위로의 말을 건네는 태도와 구성원이 서로의 도전과 노력을 응원하고 있다는 사실이 자주 드러나는 분위기가 워크그릿을 강화한다.[65·66]

하지만 우리 주변에는 지지와 지원을 받지 못하는 경우도 종종 있다. 한 지인의 사례를 살펴보자. 국내 엔지니어링 대표 기업에 재직하던 G는 유치원생 아이 한 명을 키우고 있었다. G는 육아휴직을 신청했지만, 인사팀은 남성의 육아휴직은 받아들일 수 없다며 퇴사를 권유했다. 이 일로 G는 조직에 애정을 잃었고, 결국 사직서를 제출했다. 사직 사유에는 '회사의 육아휴직 반대에 따른 사직'이라고 명확히 적었다.

그러자 인사팀은 G에게 찾아와 사직서 제출을 취소해 달라고 요청한 뒤 육아휴직을 허락했다. 그러나 약 1년의 육아휴직을 마치고 복귀한 G는 누구나 보복성 인사라고 느낄 수밖에 없는 환경에 놓였다. 집에서 거리가 먼 근무지로 배치되었고, 결국 스스로 회사를 떠날 수밖에 없었다. 나와 내 삶을 응원해 준다는 느낌을 받을 수 없는 제도와 문화에서 워크그릿을 지속하기란 매우 어렵다.

워크그릿이 발휘될 수 있는 구체적인 제도를 살펴보자. 유한킴벌리는 오전 7~10시에 출근해 오후 4~7시 사이에 퇴근하는 시차 출퇴근제를 시행하고 있다. 이는 우수한 여성 인재의 퇴사를 막고 가족친화 경영을 통해 일을 지속할 수 있도록 돕는 대표적 제도다.[67]

미국의 아마존(Amazon)은 패밀리플렉스(FamilyFlex) 제도를 통해 임신 및 육아 휴가, 베이비시터 지원, 유연근무 옵션 등을 제공하며, 걸 파워(girl power)라는 실행 공동체를 바탕으로 현재와 미래의 여성 리더를 양성하는 활동을 장려하고 있다. 이 공동체는 여성들이 자신의 역량을 발휘하고, 일할 권리를 지키기 위해 논의하고 협력하는 장이다.

이처럼 조직에서 여성과 가족의 행복을 위한 제도를 마련하는 일은 단지 복지 정책 수준에 그치지 않는다. 일하는 사람이 조직에 머물며 자신의 전문성을 보탤 또 하나의 기반이 된다. 이러한 제도가 워크그릿 발휘 과정에서 생길 수 있는 걸림돌을 덜어주는 장치이며, 결국 워크그릿이 만들 강력한 성과를 위한 중요한 투자라 할 수 있다. 많은 조직에서 여성 인력이 주요 업무에서 배제되거나 승진 기회를 충분히 얻지 못하는 상황을 볼 수 있다. 이는 여성의 워크그릿이 더 낮다는 뜻이 아님을 이해해야 한다.[68]

↳ 워크그릿을 도와준 사람들

발레리나 강수진 씨에게 무대에서 완벽한 연기를 펼치는 것은 늘 분명한 목표였다. 그리고 그의 곁에는 자라면서 그릿을 가지고 발레를 이어 갈 수 있도록 도와준 사람들이 있었다.[69] 처음 발레에 흥미를 붙이게 된 것은 중학교 2학년 때 만난 캐서린 선생님의 격려 덕분이었다. "잘할 수 있을 것"이라는 말을 반복적으로 건네주었던 그 격려는 그가 발레를 계속해 보고 싶게 만든 첫 동기였다.

이후 모나코 왕립발레학교 교장인 마리카 베소브라소바 선생님은 그의 유학시절 건강 및 멘탈을 돌보는 데 큰 역할을 했다. 부모처럼 곁을 지켜주었고, 좋은 사람들을 소개해 주었으며, 슬럼프를 겪을 때도 다시 일어설 수 있도록 도와주었다. 이런 사람들의 지지 속에서 강수진은 발레를 향한 그릿한 여정을 계속 이어 갈 수 있었다.

20대에는 발레단 선배이자 발레 지도자인 남편을 만나게 된다. 부상으로 인해 발레를 쉬어야 했던 시기, 남편은 격려와 정신적 보살핌뿐 아니라 회복을 위한 스트레칭과 몸 관리까지 함께하기도 했다.

40대에는 슈투트가르트발레단 예술감독인 마르시아 하이데 선생님이 있었다. 그는 강수진에게 은퇴 이후에도 위대한 예술 감독이 될 수 있다는 믿음을 심어 주었고, 실제로 예술감독으로 취임한 이후에는 그 역할에 필요한 역량과 태도에 대해 조언을 아끼지 않았다.

↳ 성취를 인정받지 못할 때도 묵묵히 하는 사람들

축구에는 공격수, 미드필더, 수비수, 골키퍼 등 다양한 포지션이 있다. 그러나 많은 관중은 골을 넣는 공격수를 가장 먼저 기억한다. 골을 넣은 공격수는 스포트라이트를 받고, 세리머니를 하며, 잠시 경기의 중심이 된다. 반면 수비수는 상대 공격수의 공을 막아내도 세리머니를 하지 않는다. 공을 막아낸 직후에도 곧바로 다음 상황에 대비해야 하기 때문이다. 잘 막는 것은 당연한 일로 여겨지고, 막지 못하면 곧바로 비난의 대상이 된다. 그럼에도 수비수는 말없이 자신의 자리를 지킨다. 바로 이런 자리에서 워크그릿은 또렷하게 드러난다. 눈에 띄는 성취가 없어도, 자신의 역할을 알고 묵묵히 책임을 다하는 힘, 그것은 가장 단단한 워크그릿의 모습이다.

전 세계적으로 K-팝이 큰 인기를 얻고 있다. 아이돌을 양성하는 시스템 역시 해외의 주목을 받고 있다. 어린 나이에 오디션에 합격한 이들은 수년간 연습생으로 트레이닝을 받으며 데뷔를 준비한다. 그중 극히 일부만이 무대에 설 기회를 얻는다. K-트레이닝을 통해 데뷔한 아이돌의 무대 뒤에는 보컬과 댄스를 훈련하는 트레이닝 팀, 그룹의 콘셉트를 기획하고 음악과 뮤직비디오를 제작하는 프로듀싱 팀, 활동 전반을 지원하고 관리하는 매니지먼트 팀 등 많은 사람이 있다. 스포트라이트는 몇몇 아이돌에게 집중되지만, 그 무대는 보이지 않는 노력 위에 세워진다. 이 장면 역시, 스포트라이트 밖에서 자신의 역할을 묵묵히 수행하는 워크그릿의 한 모습이다.

조직도 마찬가지다. 큰 프로젝트를 준비하려면 유관 부서 구성원들이 함께 협업한다. 그러나 결과를 보고하는 자리에서는 프레젠테이션 기회를 얻은 사람만이 더 크게 드러난다. 발표를 들으면서 '저 부분 내 전문 분야인데, 저 부분은 내가 설계했는데' 하는 생각이 자연스럽게 떠오르기도 한다.

워크그릿이 단단한 사람일수록 자신의 목표를 바라보고 묵묵히 해나갈 수 있다. 주변의 관심이나 인정이 주어진다면 물론 더 좋겠지만, 그런 보상이 늘 따르지는 않는다. 단단한 워크그릿을 지닌 사람은 알아주는 사람이 없어도, 자신의 기준과 목표를 따라 한 발 더 나아가는 사람이다.

그릿은 오래 버티는 힘이다. 그러나 오래 버틴다고 해서 성과가 저절로 따라오는 것은 아니다. 중요한 것은 올바른 방향으로의 연습이 함께 이루어져야 한다는 점이다. 그릿 학자 앤절라 더크워스는 이를 '의도적인 연습(deliberate practice)'이라고 불렀다.

의도적인 연습은 단순한 반복이 아니다. 무엇인가를 하면서 버티는 수준이 아니라, 자신의 약점을 정확히 파악하고 그것을 개선하기 위해 집중하는 훈련이다. 같은 실수를 줄이기 위해 구조화된 방식으로 반복하고 점검하는 학습, 그것이 의도적인 연습이다. 이 과정에서 정확한 피드백을 주고 연습을 함께 설계해 줄 사람이 있다면 효과는 더 커진다.

앤절라 더크워스와 동료 연구자들은 미국에서 열리는 '긴 스펠링 쓰기' 대회 참가자들을 일정기간 동안 관찰했다.[70] 이 대회의 참가자들이 어떤 방식으로 연습하는지를 살펴본 결과, 준비 방식은 크게 세 가지로 나뉘었다. 첫 번째는 혼자서 단어를 외우고 철자를 분석하고 틀린 부분을 고쳐가는 의도적인 연습(deliberate practice), 두 번째는 실전처럼 문제를 맞히는 퀴즈식 연습(being quizzed), 마지막으로 세 번째는 다방면으로 도움되는 일반적인 독서(leisure reading)였다.

이 가운데 가장 지루하고 가장 많은 노력이 필요한 것은 의도적인 연습이었다. 그리고 우승과 밀접하게 연결된 것도 이 의도적인 연습 방식이었다. 긴 단어를 직접 써보고, 틀린 철자를 하나씩 바로잡으며 연습한 사람들이 더 좋은 결과를 냈다. 퀴즈 형식의 연습은 실제 대회 분위기에 익숙해지는 데는 도움이 되었지만, 정확한 철자를 익히기에는 한계가 있었다. 일반 독서는 언어 감각을 넓히는 것에는 유익했지만, 대회의 특수성을 대비하기에는 충분하지 않았다.

이러한 의도적인 연습은 워크그릿이 성과로 이어지는 핵심 연결 고리이기도 하다. 실제로 워크그릿이 결과로 이어지는 사람들을 보면 공통적으로 이 '의도적인 연습'을 하고 있다. 처음에는 미숙하지만, 반복된 시도와 시행착오 속에서 자신만의 노하우를 발견하고, 그것을 다듬고 굳혀 가는 것이기 때문이다.

예를 들어 정밀 부품을 조립하는 엔지니어는 처음에는 매뉴얼대로 작업해도 오차를 경험하게 된다. 그러나 단단한 워크그릿을 가진 사람이라면 실패에도 물러서지 않는다. 매 작업 후 원인을 살피고, 각도와 순서, 힘의 정도를 조정해 가며 개선점을 찾아낸다. 시간이 지나면 '특정 각도에서 조이면 더 정확하다' '이 순서로 부품을 맞추면 불량이 줄어든다'와 같은 자신만의 기준이 생긴다. 그리고 그 기준을 의도적으로 반복하며 완성도를 높인다. 이 과정이 바로 워크그릿이 작동하는 방식이다.

업무 중 보고서를 작성할 때, 처음에는 자료를 나열하는 데 그치거나 무엇이 중요한지 가려내지 못하는 경우가 많다. 흐름이 어색하다는 피드백을 받기도 한다. 그러나 워크그릿이 있는 사람은 피드백을 꼼꼼히 검토하고, 문단 배치와 도표 구성, 표현 방식을 하나씩 조정해 간다. 시간이 지나면 '이 구조가 더 잘 전달된다' '이 그래프가 메시지를 한눈에 보여 준다' 등의 자신만의 감각이 쌓인다. 그리고 이 방식을 의도적으로 반복하며 완성도를 높인다. 이렇게 '나만의 효과적인 보고서 작성법'을 발견하고 체계적으로 발전시키는 과정 역시 의도적인 연습이다.

최근 만났던 한 치과위생사의 인터뷰도 이를 잘 보여준다. 그는 치아 교정 치료 과정에서 와이어 매듭을 더 정확하게 만들기 위해 퇴근 후에도 연습을 이어갔다. 환자에게 불편을 주지 않으면서도 단단하고 깔끔한 매듭을 만들기 위해 손 각도, 힘의 세기, 와이어 위치를 끊임없이 조정했다. 이는 단순한 반복이 아니라, 무엇이 부족한지 살피고 어떻게 더 나아질지를 고민하며 반복하는 의도적인 연습이었다. 워크그릿을 기반으로 한 의도적인 연습을 통해 더 좋은 성과를 만들어 낸 것이다.

그릿이 높은 사람은 단순히 오래 버티는 데 그치지 않는다. 자신의 약점을 찾아내고, 그것을 보완하는 의도적인 연습을 지속한다. 그리고 이 의도적인 연습이 그릿을 실제 성과로 바꾸는 다리가 된다. 다시 말해, 워크그릿을 단단하게 발휘하는 사람은 집중적이고 구조화된 연습을 하게 되고, 이러한 연습이 탁월한 성과를 만든다.《끝까지 해내는 뇌》의 저자 카이라 보비넷이 말하는 '반복' 역시, 같은 일을 되풀이하는 것이 아니라 더 나아지기 위한 반복을 의미한다.[71]

↳ 원하는 일을 그릿하게 하면 나오는 성취

2024년 10월, 대한민국 최초이자 아시아 여성 최초로 노벨문학상을 수상한 소설가 한강은 하루아침에 걸작을 만들어 낸 작가가 아니다. 1993년에 시인으로 등단한 뒤 1994년에 소설가로 작품 활동을 시작한 그는 오랜 시간 꾸준히 글을 써왔다.

노벨문학상을 받고 싶다는 목표를 향해서 달려온 것이 아니라 문학을 통해 인간을 탐구하고, 사람들 사이의 연결을 모색하는 일을 자신의 소명으로 삼고 글을 써왔다. '내가 이해한 인간을 어떻게 글로 담아낼 것인가' '내 글이 사람을 연결하는 것인가'와 같은 질문을 스스로에게 던지며 자신의 신념을 기반으로, 그 신념이 가리키는 방향을 따라 꾸준히 글을 쓴 한강 작가의 그릿을 잘 보여준다. 그릿한 모습이 있었기에 2016년 부커상, 2023년 메디치상, 2024년 노벨문학상이라는 성취로 이어질 수 있었다. 원하는 일을 그릿 있게 수행한다는 것은 결국 이처럼 성취에 가까워지는 과정이다.

물론 타고난 재능이 두드러지는 천재들도 있다. 그러나 그보다 더 값진 성취는 꿈에 열정을 갖고, 목표 달성을 위해 집중하여 노력하는 사람이 만들어 낸 결과다. 낭중지추(囊中之錐)라는 말처럼, 스스로를 갈고 닦아 단단한 워크그릿을 갖춘 사람은 결국 주머니 밖으로 드러나게 마련이다.

워크그릿은 타고난 성향처럼 고정되는 특성이나 일시적인 의욕이 아니다. 타고난 대로 다르게 시작되는 그릿이지만 개인이 가진 또다른 단단함, 맡게 된 업무에 대한 특성, 조직에서의 지원, 상사의 리더십 등에 따라 단단해진다. 의도적인 연습을 통해 워크그릿이 단단해지고, 그 워크그릿은 나에게 여러 가지 이로움을 가져다준다.

먼저, 워크그릿을 단단하게 기르는 사람은 조직에서 요구하는 성과들을 도출할 수 있게 된다. 그리고 업무수행을 혁신적인 방향으로 하거나 조직에서 타인에게 친절하고 자신의 지식을 나누기도 한다. 하는 일에 대해 민첩한 학습력도 갖추고, 일과 조직에 몰입하게 된다. 또 개인적으로 충만함을 느끼게 된다. 일과 더불어 삶 전반에 대한 만족으로 이어지며, 직업을 통해 어떤 사람으로 살아가고 있는지 스스로 성찰하게 만든다. 스스로 어떤 일을 할 때 힘을 내는 사람인지, 무엇을 좋아하고 잘하는 사람인지에 대한 답을 일 속에서 찾게 되는 것이다.

이 힘은 특별한 소수의 사람만이 가진 자질이 아니다. 워크그릿은 누구나 자신의 일 안에서, 자신의 방식으로 키워갈 수 있는 힘이다. 이제 중요한 질문은 이것이다.

'나는 지금, 어느 정도의 워크그릿을 갖고 있는가.'

조직지원
조직의 지지
동료의 지지
상사와의 원활한 소통
조직의 경력개발 지원
실패를 장려하는 조직문화

개인자원
성취목표 추구
할 수 있다는 신념
주도적인 경력개발 계획

업무특성
약간 어려운 일
일에 대한 권한
적극적인 업무 피드백

리더십
코칭 리더십
임파워링 리더십
변혁적 리더십

워크그릿

일과 관련된 성과
조직에서 요구한 성과
혁신적인 도전
동료와의 지식 공유
민첩한 학습력
일과 조직에 대한 몰입

경력성과
경력 만족
일과 경력에 대한 확고한 정체성

만족
일에 대한 만족
행복감
삶에 대한 만족

사람을 성장시키는 방법, '원온원'

>> 원온원, 알고 시작하자

리더와 팀원이 의미 있고 진솔한 대화를 하는 일대일 미팅을 '원온원(1on1)'이라고 한다.[72] 조직에서 이루어지는 원온원은 결국 업무 역량의 향상, 더 나은 성과를 위한 대화다. 원온원을 통해 조직원의 워크그릿을 향상할 수 있다면 우리가 원하는 역량과 성과는 당연한 결과물이 될 것이다. 그렇다면 원온원의 그 의미부터 살펴보자.

원온원은 면담과 어떤 점이 다를까? 강의 중 교육생들에게 질문하면 이슈가 있을 때 하는 것이 '면담', 격식 없는 미팅을 '원온원'이라고 대체로 비슷한 답변을 한다. 하지만 원온원은 개념적으로 면담을 일대일로 하는 것이다.

그렇다면 '원온원'이라는 단어를 왜 사용하게 된 것일까? 바로 각 단어가 전달하는 느낌이 다르기 때문이다. 어떠한 상징물을 내세워 조직 문화의 변화를 시도할 때가 있다. 예를 들어 권위적인 분위기를 바꾸겠다며 임원 전용 엘리베이터를 없애거나, 글로벌 기업처럼 휴게 공간을 멋지게 만드는 등의 시도가 이에 해당한다. 이러한 변화만으로 조직 문화가 곧바로 달라지지는 않지만 이러한 상징물을 내세우는 이유는 조직 문화 변화를 향한 의지와 방향성을 다지기 위한 장치이기 때문이다.

용어의 사용 변화도 같은 맥락에서 이해할 수 있다. 인사팀을 HR팀으로, HR팀을 다시 피플팀으로 부르는 작업이 바로 그러한 사례다. 권위적인 느낌의 '인사팀' 대신 보다 인간적이고 친밀한 느낌의 '피플팀'으로 바꾸며 그 안에 담긴 변화의 의도를 자연스럽게 드러내는 것이다. 원온원이라는 표현을 사용하기 시작한 것도 일대일 면담을 부담 없이 진행하고자 하는 흐름으로 생각한다. 인간 중심적이고, 권위적이지 않으며, '사람을 보는 리더십'을 실현하기 위한 문화적 장치인 셈이다.

누군가는 원온원 자리에서 자신의 이야기를 자연스럽게 풀기도 한다. 이런 사람들은 이야기하는 과정에서 해결책을 스스로 찾아내는 경우도 많다. 그러나 업무나 인간관계에 어려움을 겪으면서도 동료나 상사에게 쉽게 말하지 못하는 사람들도 있다. 또 어떤 리더는 먼저 다가가 팀원의 상태를 살피지만, '잘하고 있겠지. 믿어보자'라고 관망하는 리더도 있다. 이런 상황에서는 서로 눈치만 살피다 대화할 시기를 놓치게 된다. 선배는 '내가 너무 간섭하는 건 아닐까?' 고민하고, 후배는 '팀장님 바쁘실 텐데 일단 혼자 해결해 보자'라고 생각하기 때문이다. 만약 정기적인 원온원이 마련된다면, 서로의 상황을 공유할 기회가 생기고, 이는 곧 문제 해결로 이어진다. 문제의 해결은 곧 개인의 성장과 조직의 성과로 연결된다.

원온원은 예측이 가능한 대화를 바탕으로 상사와 팀원 간의 신뢰를 쌓고 직무 만족을 높이기 위해 정기적으로 진행하는 것이 효과적이다. 일상적인 원온원이 자리 잡으면 팀원은 심리적 안전감을 느끼게 되고, 필요할 때 추가적인 원온원을 요청하기도 쉬워진다. 특히 팀장 부임 직후 팀의 분위기와 팀원들을 빠르게 이해하기 위한 수단으로 원온원을 활용할 수 있다. 또 신입사원을 대상으로 적응을 돕기 위해 진행할 수도 있으며, 팀원의 성장을 지원하거나 목표를 정비해야 할 때, 관계 형성이 필요한 상황이나 부정적인 피드백을 전해야 하는 상황에서도 유용하다.[73] 갤럽 조사에 따르면 정기적으로 원온원을 진행한 직원은 그렇지 않은 직원에 비해 업무 참여율, 근무 만족도, 몰입도 등이 최대 3배까지 높게 나타났다.[74]

2019년 미국 리더십경영연구소(The Institute of Leadership and Management)의 연구에 따르면 조직 몰입과 가장 강하게 연결된 요인은 '동료 간의 친밀한 관계'였다. 연봉이 8위에 그친 결과와 비교할 때도 조직에서 관계적 요인이 차지하는 비중이 크다고 볼 수 있다. 친밀감은 결국 커뮤니케이션을 통해 만들어지는데, 그 기회를 제공하는 장치 중

하나가 원온원이다. 그뿐만 아니라 2022년 맥킨지앤컴퍼니(McKinsey & Company)의 한 보고서에서도 신뢰 기반의 조직 문화와 리더십의 핵심 수단으로 정기적인 일대일 대화가 점점 더 중요하다고 언급했다. 미국의 구글, 넷플릭스, 아마존 등의 기업들은 원온원을 핵심 리더십 도구로 활용하고 있다. 특히 구글의 산소 프로젝트 옥시전(Project Oxygen)* 연구에 따르면, 최고의 매니저들이 공통으로 실천하는 행동 중 하나는 정기적인 일대일 미팅이었다. 그들은 이 시간을 단순한 업무 점검이 아니라, 코칭, 경청, 신뢰 형성을 위한 기회로 활용하고 있었다.

독일의 커뮤니케이션 학자인 엘리자베스 노엘레 노이만은 '침묵의 나선 이론(The spiral of silence theory)'을 제시했다. 이는 여론 형성 과정에서 자신의 의견이 다수의 의견과 같으면 적극적으로 목소리를 내지만, 소수의 의견일 경우에는 고립될까 봐 두려워 침묵하는 현상을 말한다. 조직이나 팀 내에서도 마찬가지로 자기 생각이 소수의 의견이라면 이를 자신 있게 표현하기 쉽지 않다. 원온원은 이러한 상황에서 개인이 의견을 안정적으로 펼칠 장치다.

---

*　관리자가 팀 성과에 미치는 영향을 과학적으로 분석하여, 좋은 관리자가 갖춰야 할 8가지 핵심 행동 특성을 도출해 낸 구글의 인사 연구 프로젝트다.

원온원은 리더와 팀원 모두에게 도움이 되는 윈윈 전략이다. 리더는 리더십을 연습할 기회가 되고, 팀원은 리더를 신뢰하고 자신의 그릿을 길러나갈 기회가 된다.[75] 원온원은 성장에 초점을 맞춘 대화이기에 다소 무거울 수 있지만, 분위기 좋은 카페나 풍경 좋은 공원을 거닐면서 리더의 관점에서 팀원에게 조금은 부드럽게 메시지를 전할 수 있다.

리더는 자신이 팀원에게 관심을 두고 있음을 표현하는 시간이기도 하다. 팀원이 업무나 외적인 부분에서 어떤 어려움을 겪는지, 어느 방향으로 성장하기를 원하는지 듣는 귀중한 시간이다. 팀원의 어려움이 더 커지기 전에 상황을 인지하고 해결 방법을 고민할 수 있다. 팀원의 비전과 조직 성과 사이에 연결고리를 만들어 동기부여를 이끌 수 있다. 이때 완벽한 선배의 모습을 보일 필요는 없다. 완벽한 결과를 내는 선배보다 따뜻하고 진정성 있게 소통하는 것만으로도 팀원은 원온원을 통해 동기부여를 받는다. 상사는 조언자가 아니라 경험 공유자로 접근하는 태도를 갖추는 것이 좋다. 원온원은 정답을 제시하는 자리이기보다는 상황을 공유하는 장이라는 인식이 필요하다.

팀원의 관점에서도 원온원은 일의 방향성을 찾는 중요한 실마리가 된다. 리더와 대화를 나누면서 자신이 가는 방향이 맞는지 확인할 수 있고, 업무 수행에 필요한 자원이나 지원 사항을 요청할 수도 있다. 그러나 "도와주세요"라고 단순히 요청하기보다는 "상황을 정리해 보니 지금 진행하고 있는 프로젝트에 예산이 10% 더 투입된다면 전보다 20% 정도 나은 성과를 낼 수 있습니다"처럼 명확한 근거와 기대 효과를 제시하면 좋다. 리더는 팀원이 일을 잘 이해하고 성실히 해내려는 의지, 다시 말해 워크그릿을 지닌 모습을 볼 때 더 돕고 싶은 마음이 든다. 그렇기에 팀원은 피드백 포인트를 명확히 정리해 원온원에 참여하는 것이 전략적으로 유리하다. 워크그릿이 높은 팀원일수록 이 기회를 더욱 효과적으로 활용할 것이다.

특히 리더가 조언이나 피드백을 하는 것을 조심스러워하는 성향일 경우, 팀원은 자신이 피드백 받고 싶은 부분을 먼저 제시하면 대화가 훨씬 생산적으로 흘러간다. "이번 기획서의 제목을 어떻게 지어야 할지 감을 못 잡겠어요. 혹시 좋은 아이디어 있으신가요?" "보고서 흐름 잡는 게 아직 어렵습니다. 팀장님 자료 중에 제가 참고할 만한 내용이 있을까요?"라고 궁금한 부분을 명확히 준비해 가면 좋다. 리더도 어떤 부분을 피드백해 줘야 할지 감이 안 올 때가 있다. 원온원을 진행하는 팀원이 다수일 수도 있고, 모든 업무 상황에 대해 명확한 이해를 하지 못할 때도 존재하기 때문이다. 어떤 부분에서 도움이 있었으면 좋겠는지를 먼저 준비해 간다면 더욱 득이 되는 원온원을 경험할 것이다.

이런 팀원은 반대로 리더의 워크그릿을 키워주는 계기가 되기도 한다. 리더는 팀원의 여러 질문과 적극성을 통해 팀원의 일에 더 관심을 두게 되고, 자신을 잘 따르는 팀원을 통해 자신의 워크그릿도 성장시킬 수 있다. 모든 리더가 처음부터 단단한 워크그릿을 갖추고 있는 것은 아니다. 팀원을 통해서 리더도 성장할 수 있음을 이해하는 것이 좋다.

원온원은 몇 가지 규칙이 필요하다. 리더가 일정하게 시간을 내 팀원에게 집중하는 것은 팀원의 동기부여 측면에서 매우 중요하다. 팀에서 하는 정기 미팅, 업무보고 회의가 있더라도 별도의 원온원은 필수다. 원온원은 업무 이야기뿐 아니라 개인 커리어에 관한 이야기까지 할 수 있는 시간이기 때문이다. 하지만 공적인 자리에서 개인적인 맥락을 이야기할 수 있다고 해서 마냥 사적 대화로 흘러서는 안 된다. 원온원은 어디까지나 개인의 일적인 성장에 목적을 두어야 한다. 사람 대 사람으로 친밀감을 쌓아 팀원이 조직과 리더(동료)에 대한 신뢰를 형성하고, 동기를 끌어올리는 기회다.

효과적이고 체계적인 원온원을 위해서 리더와 팀원은 각자 어젠다(agenda)를 준비해야 한다. 매번 준비하기에는 쉽지 않지만, 미국의 경우 전체 원온원의 50%는 리더와 팀원이 안건을 준비한다는 조사도 있다.[76] 어젠다는 꼭 무게감이 있어야 하는 것은 아니며, 오히려 가벼운 이슈일 때 더욱 편안함을 느낄 수 있다. 처음 몇 번은 서로 대화 주제가 없어 어색할 수 있지만, 규칙적으로 진행하면 서로 공통된 주제를 발견하기도 한다. 마치 편안한 친구를 만나면 스스럼없이 대화가 이어지듯 말이다.

업무 이외의 이야기부터 시작해 보는 것도 방법이다. 서로의 취미나 관심사를 이야기해도 좋고, 쉬는 날 무엇을 하는지 등의 가벼운 스몰 토크부터 시작해도 좋다. 원온원이 추구하는 것이 바로 이 지점이다. 단, 가벼운 수다가 아니고 의미 있는 대화를 해야 하니 일과 관련된 부분에서 이야깃거리를 찾으려는 노력을 더해야 한다.

리더는 생각의 폭을 넓힐 수 있는 좋은 질문을 던지는 능력을 키워야 한다. 또 더 많은 이야기를 할 수 있는 분위기를 만들어 주는 것도 중요하다. 좋은 의도의 원온원이라 할지라도 이에 대한 팀원의 반응은 천차만별이다. 리더가 정기적으로 시간을 내 개인과 업무에 관심을 가지는 것이 반가운 팀원이 있는 반면, 부담스러운 팀원도 있다. 원온원은 도입하는 처음부터 모두에게 환영받을 수는 없다. 정기적으로 꾸준히 일정한 시간을 할애해서 건설적이고 긍정적인 대화를 한다면 구성원의 만족과 몰입뿐만 아니라 워크그릿을 높이는 방법이 될 것이다.

원온원은 평가를 위한 자리가 아니라는 것도 명심해야 한다. 팀원이 부담을 갖지 않고 원온원을 기대하게 만들어야 한다. 더 나아가 마음 편히 이야기를 나눌 수 있고 리더가 팀원을 이해한다는 것을 원온원을 통해 경험할 때, 더욱 자발적으로 일과 원온원에 참여하게 된다. 또한 리더는 일에 대해서는 가볍게 물어보고, 도와줄 것은 없는지 체크해야 한다. 개인적으로 고민되는 부분을 더 이야기할 수 있게 하며, 목표와 계획들을 같이 고민해 볼 수 있는 시간으로 만들어야 한다. 업무 성과 확인은 업무 회의에서 하면 된다. 원온원이 평가와 감시가 아닌 점검과 조율로 포지셔닝되는 것이 핵심이다. '맛있는 디저트와 편안한 공간에서 나의 이야기를 들어주는 리더와의 만남'으로 기억되는 것이 이상적이다. 반대로 리더가 점심을 함께 먹을 사람이 없어서 급하게 팀원을 불러 자신이 선택한 메뉴를 먹으면서 보낸 시간을 두고 원온원을 했다고 만족해서는 안 된다. 그것은 리더 혼자만의 만족이다.

또한 원온원이 연속성과 체계성을 갖추기 위해서는 계획성 있는 설계가 필요하다. 간단한 안부를 묻는 것으로 시작하여, 지난번 원온원에 대한 대략적인 점검에 이어 긍정적인 감정(인정, 칭찬, 감사 등)의 전달이 이루어져야 할 것이다.[77]

정기적으로 원온원을 하는가?	□ 정기적으로 진행한다. □ 요일과 시간을 고정한다. □ 취소는 최소한으로 해야 한다. □ 적어도 한달에 한 번은 진행한다.
언제 하는가?	□ 원온원은 업무 시간 중에 한다. □ 점심시간은 가급적 삼간다. 점심시간은 법으로 정한 휴게시간임을 기억해야 한다.
어디서 하는가?	□ 회사 내 회의실 등의 공간에서 한다. □ 카페나 풍경 좋은 공원에서 산책을 하며 진행해도 좋다.
시간이 얼마나 소요되는가?	□ 시간을 정해두고, 정해진 시간 안에 마치도록 노력한다. □ 보통 30분 이내가 적절하다.
어떤 이야기를 하는가?	□ 업무성과평가는 금물이다. □ 질문을 통해 팀원의 이야기를 이끌어 내는 것이 좋다. □ 적게 말하고 많이 들어야 한다.

›› 원온원이 부담스러운 이유

원온원이 부담스러운 이유는 세 가지로 나눌 수 있는데, 첫째는 업무 몰입이 약한 경우다. 자신감이 부족하거나 업무 상황에 대한 명확한 답변을 준비하지 못했기 때문에 대화가 어렵게 느껴지는 것이다. 이 상황에서 리더가 취할 방법은 두 가지다. 우선 원온원은 평가의 자리가 아니라는 것을 명확히 전달한다. 현재의 어려움을 서로 이야기하고 필요한 지원을 찾기 위한 시간이라는 것을 설명해야 한다. 다음은 업무 몰입을 돕는 구체적인 자원을 제공한다. 업무 몰입이 낮은 팀원은 실제로 업무를 관리하거나 조직화하는 데 어려움을 겪는 경우가 많다. 원온원을 통해 실제로 도움이 될 방법을 찾아 지원을 약속한다.

둘째, 원온원 자체에 부정적인 감정을 갖고 있는 경우다. 과거의 경험에 대한 기억이나 성과에 대한 부정적인 피드백 때문에 원온원 참여에 감정적으로 어려움을 겪고 있다면 우선 그 감정을 이해하는 자세가 필요하다. 해결책을 제시하기보다 공감과 이해로 시작해야 한다. 리더는 팀원의 작은 성취를 찾고 인정하는 일부터 해보는 것이 좋다.

셋째, 업무가 바빠 정기적인 원온원이 부담스러운 경우다. 이럴 때는 팀원의 부담이 적은 시기에 원온원 일정을 잡는 방법이 있다. 정기적인 원온원이 모범 답안처럼 보일 수 있지만 회사 상황에 따라 유연하게 진행해야 한다. 덜 바쁜 시기에는 2주에 한 번도 가능하지만, 바쁜 시기라면 3달에 한 번 진행해도 전혀 문제되지 않는다.

원온원을 부담스러워하는 사람이 많다면 원온원을 조직 문화로 만드는 것이 필요하다. 원온원은 문제나 이슈가 있을 때 진행하는 이벤트가 아니다. 모든 팀원에게 익숙한 활동이 되려면 공평하고 정기적인 원온원 계획을 세워야 한다. 정기적이고 안정적인 원온원은 팀원이 자신의 목표를 점검하고, 워크그릿을 지속적으로 유지하고 회복하는 기반이 된다.

팀원이 먼저 제안하는 원온원 문화를 만드는 것도 중요하다. 원온원은 대부분 리더가 먼저 제안하도록 구조화되어 있다. 물론 구성원이 함께 정할 수 있지만, 팀원이 주도적이기는 쉽지 않다. 원온원의 본질은 관리가 아니라 '관계'와 '소통'이다. 주도권은 리더와 팀원이 함께 나누는 것으로 생각해야 한다. 팀원도 본인의 필요와 이슈에 따라 스스로 대화를 요청할 수 있어야 진정한 원온원 문화가 자리 잡는다. 그래야만 팀원은 '시켜서 하는 일'이 아니라 '스스로 의미를 부여하고 해내는 일'을 만들어 갈 수 있고, 이것이 바로 워크그릿의 출발점이다.

실제로 많은 조직에서 팀원들이 이렇게 말하곤 한다. "하고 싶은 이야기가 있어도 원온원 날짜가 오기 전엔 말을 꺼내기 어렵다" "리더가 원하지 않는 이야기를 꺼냈다가 괜히 눈 밖에 날까봐 조심스럽다" 등의 분위기가 이어진다면 팀원은 대화를 이끄는 역할이 아니라 원온원의 수신자가 될 뿐이다. 원온원이 진정한 소통의 도구가 되기 위해서는 팀원이 주도할 수 있는 구조와 문화를 조성해야 한다. 리더가 '열려 있음'을 보이고 비정기적인 원온원도 환영하는 문화를 만들어 보는 것이다. 이는 팀원이 자신의 고민과 목표를 숨기지 않고 꺼낼 수 있게 만드는 환경이며, 워크그릿이 좌절되지 않고 이어지도록 돕는 핵심 조건이다.

"예정된 원온원 일정이 아니어도 상관없으니 이야기하고 싶은 사항 있으면 언제든 요청하세요" "원온원은 리더가 정하는 게 아니라 우리가 함께 조율하는 시간입니다" "다음 원온원까지 기다릴 필요 없어요. 필요하면 바로 이야기하세요" 이러한 한마디가 팀원의 심리적 문을 여는 열쇠가 될 것이다.

›› 원온원에서 활용할 수 있는 질문

원온원에서는 실질적인 업무해법부터 개인의 경력 고민, 효율적인 업무처리 방식, 동기부여 방법까지 다양한 주제를 다룰 수 있다. 하나의 주제로 몇 차례에 걸쳐 이어갈 수도 있고, 매회 다른 주제로 진행할 수도 있다. 그렇다면 리더는 어떤 질문을 던질 수 있을까? 신입 직원의 적응을 돕기 위한 경우, 이미 구성된 팀에 새로 부임한 팀장이 진행하는 경우, 성과가 낮은 직원과의 면담 혹은 직원의 그릿을 높이기 위한 상황 등 맥락에 따라 질문은 달라질 수 있다.

원온원에서는 평가보다는 '성장' '조율' '소통'에 초점을 맞춘 질문이 기본이 되어야 한다. 예를 들어 "이 일은 왜 못 했나요?"라는 질문 대신 "지금 하고 있는 업무를 더 잘하기 위해 어떤 지원이 필요하다고 생각하나요?"처럼 미래 지향적이고 실행 가능성이 있는 대화여야 한다. 직원이 스스로 생각하고 답을 찾도록 돕는 질문, 업무목표와 개인의 경력이나 성장을 연결하는 질문, 협업과 관계 형성을 촉진하는 질문에 초점을 맞출 때 원온원의 효과는 더 커진다.

다만 준비한 질문을 순서대로 읽어 나가는 방식은 지양해야 한다. 한 질문이 끝나자마자 다음 질문으로 넘어가는 기계적인 진행은 대화를 형식적으로 만들기 쉽다. 상사는 모든 질문을 순서대로 끝내야 한다는 압박감에 팀원의 대답을 진심으로 이해할 여유를 잃게 된다. 팀원 역시 면접을 보는 듯한 압박을 느낄 수도 있고, 자신이 어렵게 꺼낸 고민에 대해 추가 질문이나 공감 없이 다음 질문으로 넘어간다면 더 이상 진솔한 이야기를 하고 싶지 않을 수도 있다. 원온원은 질문을 했는지를 체크하는 절차가 아니다. 점검과 조율, 심리적 안전감 형성, 진솔한 소통을 위한 시간이다. 리더는 미리 준비한 질문을 참고하되, 대화의 흐름과 팀원의 반응에 따라 질문을 조정하고, 필요하다면 깊이 파고들며 상황에 맞게 확장할 수 있어야 한다.

결국 원온원의 본질은 '대화'에 있다. 대화 속에서 팀원은 자신의 고민과 아이디어를 안전하게 꺼낼 수 있어야 하고, 리더는 그 안에 담긴 신호를 읽어내 필요한 지원과 방향을 제시해야 한다. 질문지는 참고 자료일 뿐이다. 팀원의 말과 표정, 맥락에 귀 기울이며 유연하게 진행할 때 원온원의 진정한 효과를 끌어낸다. 다음은 업무에서 활용할 수 있는 다양한 원온원 질문이다. 개인의 상황에 맞게 활용해야 한다.

	질문
1	회사 생활은 어떤가요? 적응 과정에서 어려운 점이 있나요?
2	처음 배정받은 과제에 대해 이해한 방향과 기대하는 방향이 잘 맞다고 느끼나요?
3	동료와의 관계는 어떤가요? 편하게 질문하거나 도움을 요청할 수 있는 사람이 있나요?
4	맡은 업무에 필요한 정보나 자료는 충분히 받고 있나요?
5	앞으로 더 배우고 싶거나 익히고 싶은 부분이 있다면 어떤 것인가요?
6	회사 생활에서 '이런 부분이 있으면 더 좋겠다'고 느끼는 것이 있다면 어떤 것인가요?
7	지금 하는 업무에서 가장 헷갈리는 부분이나 막히는 지점이 있다면 무엇인가요?
8	지금까지 회사 생활에서 가장 인상 깊었던 순간이 있다면 무엇인가요?
9	바라는 리더십의 스타일이나 면담 방식은 무엇인가요?
10	회사의 분위기나 일하는 방식에서 기대했던 것과 다른 점이 있다면 어떤 점인가요?

	질문
1	요즘 어떤 일을 담당하고 있나요? 현재 업무 상황을 알려주세요.
2	본인의 일하는 스타일이나 소통 방식이 있다면 알려주세요.
3	동료들과의 협업은 어떤가요? 협업에서 어려운 점이나 잘 되고 있는 점이 있다면 무엇인가요?
4	본인의 강점이 잘 발휘되고 있다고 느끼는 순간은 언제인가요?
5	개인적으로 더 성장하고 싶은 부분이나 역량이 있다면 무엇인가요?
6	이 팀에서 함께 일하면서 기대하는 것은 무엇인가요?
7	이전 팀장과의 일 방식 중에서 좋았던 점이나 불편했던 점이 있다면 알려줄 수 있나요?
8	일이 잘 풀리지 않을 때, 어떤 방식의 지원이 가장 도움이 된다고 느끼나요?
9	지금 하고 있는 일 중에서 가장 도전적인 부분은 무엇인가요?
10	팀 안에서 개선되면 좋겠다고 생각하는 문화나 일하는 방식이 있다면 무엇인가요?

	질문
1	이번 성과평가 결과를 확인했을 때 어떤 생각이 들었나요?
2	본인이 보기에 어떤 부분이 이번 결과를 도출했다고 생각하나요?
3	업무를 진행하면서 가장 힘들었던 순간은 언제였나요?
4	회사에서 어떤 도움을 받을 수 있었으면 좋았을까요?
5	본인의 강점이 더 잘 발휘될 수 있었던 환경이나 방식이 있다면 어떤 것인가요?
6	스스로 아쉬웠던 점이 있다면, 다음에는 어떻게 다르게 시도해 보고 싶나요?
7	일이 잘 풀리지 않을 때, 본인은 어떤 방식의 피드백이나 지원이 가장 힘이 된다고 느끼나요?
8	본인의 다음 도전에서 상사가 어떤 역할을 해주면 좋겠나요?
9	다시 비슷한 과제를 맡는다면 가장 먼저 바꾸고 싶은 점은 무엇인가요?
10	이번 목표가 본인에게 충분히 의미 있고 동기부여가 되었나요? 만약 그렇지 않았다면 어떤 점이 더 필요했을까요?

〉〉 현장에 원온원을 적용할 때 어려운 점

원온원은 앞서 살펴본 것처럼 워크그릿을 향상하는 데 큰 도움을 준다. 그러나 실제 현장을 보면 실행에는 분명한 한계가 있다. 대기업의 경우 한 명의 팀장이 수십 명을 관리하는 일이 흔한데, 이런 구조에서 원온원을 실현하는 것은 현실적으로 쉽지 않다. 리더 한 사람이 40~50명의 구성원과 정기적으로 일대일 미팅을 진행하는 것은 시간적 제약은 물론, 심리적 피로를 누적시키며 실행 지속성의 한계를 불러온다. 또한 평가 권한은 리더에게 있고 결재권은 임원에게 있는 이원화된 구조에서는 책임과 권한의 불일치가 발생한다.

이에 따라 구성원과 진정성 있는 대화가 오가기 어려워지고, 결국 원온원이 단발성 이벤트로 끝나거나, 형식적으로만 운영될 가능성이 높다. 아무리 좋은 제도라 하더라도, 실행 주체의 부담이 크고 이를 뒷받침하는 시스템이 마련되지 않으면 조직 내에 원온원 문화가 제대로 정착되기 어렵다.

반대로 규모가 작은 기업에서는 원온원의 필요성과 효과에 대한 신뢰 자체가 가장 큰 걸림돌로 작용한다. 현장에서는 "일할 사람도 부족한데 그런 대화를 할 시간이 어디 있나"라는 반응과 함께 실제로 성과가 있을지에 대한 의구심도 내비친다. 리더가 팀원과 따로 시간을 내 정기적으로 대화하는 방식은 이상적이지만, 눈앞의 성과와 운영 효율성에 우선순위를 두는 중소기업의 현실에서는 도입이 쉽지 않다.

더욱이 구성원 100명 미만의 소규모 조직이나 스타트업에서는 리더와 팀원 사이의 심리적 거리가 더욱 크다. 이때문에 원온원을 하자고 하면 '인사상 문제가 있나?' '평가하려고 부르나?' 같은 오해가 생기기 쉽다. 게다가 중소기업에서는 제도보다 관계와 경험 중심의 문화가 강한 경우가 많아 이론 기반의 관리도구는 비현실적이거나 낯설게 받아들이기도 한다.

따라서 원온원을 도입하려면 매뉴얼이나 툴킷을 배포하는 데서 그쳐서는 안 된다. 구성원 모두가 원온원을 통해 어떤 관계 경험을 하게 될 것인지, 어떻게 신뢰로 이을 것인지 함께 설계하는 과정이 필요하다. 준비 없이 제도만 도입한다면 금방 사라지는 또 하나의 조직 문화 사례로 남게 될 것이다.

›› 효과적인 원온원을 위한 마무리, 환류

원온원의 성패는 대화 그 자체보다 그 이후에 무엇이 남고, 어떻게 이어지는지가 중요하다. 효과적인 원온원은 반드시 '환류'를 전제로 한다. 원온원 후에는 리더와 팀원 모두가 논의한 내용을 간략히 메모해 두는 것이 좋다. 주요 문제들, 팀원의 업무 진행 상황, 그리고 함께 세운 다음 단계 정도면 충분하다. 정리된 내용을 공유하면 일회성 대화가 아니라 실행으로 이어질 가능성이 높아진다. 이때 원온원 과정을 피드백하는 것도 좋다. 리더는 진행하며 느낀 점을, 팀원은 참여자로서의 경험을 서로 전해 다음에 더 나은 방향으로 개선할 수 있다. 피드백을 통해 리더는 팀원의 요구를 더 잘 파악하고, 소통 방식을 점검할 기회를 얻는다. 팀원은 원온원이 자신의 필요를 얼마나 충족시켰는지 솔직히 말할 수 있다. 이는 지속적인 원온원 문화를 만들어 나가는 데 도움이 된다.

피드백 방식은 상황에 맞게 선택하면 된다. 정리한 내용을 공유할 때 간단한 코멘트를 주고받을 수도 있고, 원온원이 끝난 직후 마지막 2분을 별도의 피드백 시간으로 둘 수도 있다. 이때 꼭 기억할 원칙이 있다. 솔직하되 반드시 예의를 갖추는 것이다. 구체적으로 말하는 것이 도움이 되며, 작은 부분이라도 감사의 표현을 하면 대화의 온도가 달라진다. 원온원 방법은 하나의 틀로 정해져 있지 않다. 서로에게 알맞은 방법을 찾아 진행하는 것이 중요하다.

워크그릿을 향상하려는 방법으로 원온원을 활용하더라도, 모든 팀원에게 동일하게 효과가 나타나지는 않는다. 그릿이 단단한 리더라면 원온원 효과를 보지 못하더라도 쉽게 포기하지 않는다. 부모가 자녀를 포기하지 않듯 관계를 유지하며 다른 가능성을 모색할 것이다. 다만 이 경우에는 원온원 진행 방법을 조정해야 한다.

두 가지 방법을 제안할 수 있는데 첫째는 원인을 깊이 탐구하는 것이다. 직접적인 질문과 간접적인 관찰로 나눌 수 있다. 먼저 원온원이 무엇 때문에 불편한지 질문을 하라. 그 안에서 의외의 해답을 찾을 수 있다. 이 방식이 효과적이지 않다면 주변인들을 통해 관찰하는 방식도 고려해 볼 수 있다. 해당 팀원이 평소에 어떤 걱정이나 우려를 표현해 왔는지 살펴보는 것이다. 주변 구성원과의 대화를 통해 조직 차원에서 제공할 수 있는 지원이 있는지 점검할 수 있다.

둘째는 소통 방식을 팀원 맞춤형으로 조정하는 것이다. 대면이 부담스럽다면, 비대면으로 바꾸는 방법도 있다. 이메일이나 메신저처럼 글로 정리하면 대화의 문턱을 낮출 수 있다. 중요한 것은 원온원 형식을 고수하는 것이 아니라, 소통을 효과적으로 할 방식을 찾는 것이다.

원온원이 조직 소통의 유일한 정답은 아니다. 제도이기 전에 관계의 기술이기에 경우에 따라서 부작용이 발생할 수도 있다. 정기적인 원온원이 오히려 팀원에게 과도한 스트레스를 줄 수 있고, 리더의 소통 스타일에 따라 부정적인 영향을 주기도 한다. 너무 비판적으로 표현하거나, 직접적인 피드백으로 팀원에게 감정적으로 상처를 주는 경우, 혹은 리더의 업무 역량이 탁월하지 않아 실질적인 업무 피드백을 해주지 못하는 경우에는 원온원을 통해 리더의 리더십의 한계가 더욱 도드라질 수 있다. 이는 결국 신뢰를 잃게 될 것이다.

따라서 원온원은 리더의 소통 역량에 크게 좌우된다. 리더는 원온원에서 팀원이 적극적으로 지지받고 있다는 것을 경험하도록 만들어야 한다. 이처럼 환류가 이루어지는 원온원은 팀원의 워크그릿을 키우는 동시에, 리더의 그릿 또한 한 단계 더 단단하게 만든다.

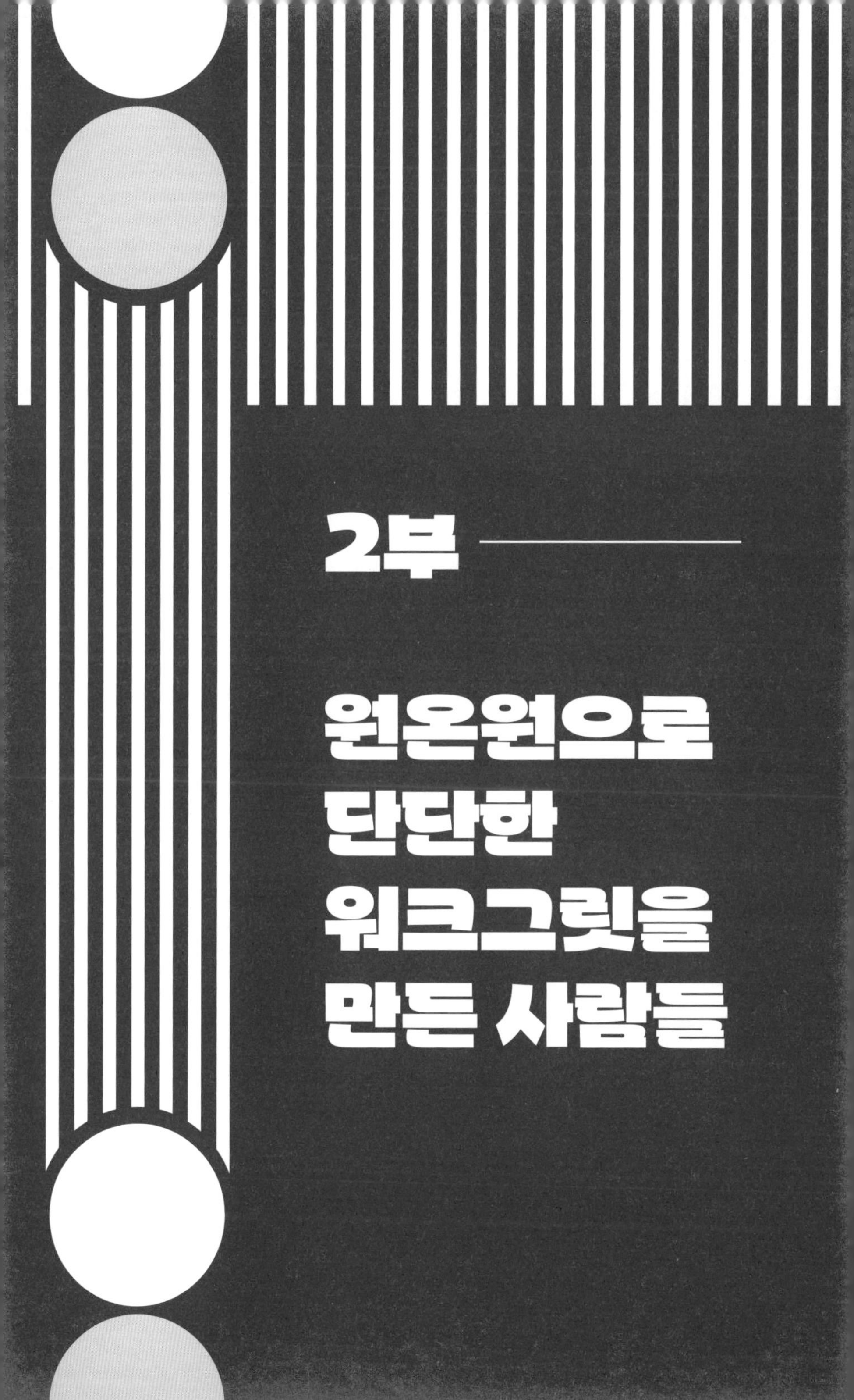

2부

원온원으로
단단한
워크그릿을
만든 사람들

한수정 | TND코리아 피플팀

HR 관련 부서를 총괄하는 상무. TND코리아에 몇 안 되는 여성 C레벨이다. 직원의 성장을 중시하며, 원온원을 통해 구성원들의 워크그릿을 기르는 데 분명한 비전을 지니고 있다. 원온원을 직장생활의 중요한 성공 요인으로 여기며 진지하게 임한다. 두 아이를 키우며 일하는 워킹맘이다.

목표 | 조직의 C레벨 임원되기(달성). 워크그릿이 발휘되는 조직 만들기.

나태한 | TND코리아 피플팀

워크그릿이 매우 낮은 만년 차장. TND코리아의 유명한 월급루팡으로, 한수정과의 원온원을 통해 새로운 업무를 맡으면서 워크그릿을 길러나간다.
재취업을 꿈꾸는 아내와 마음먹은 일은 끝까지 해내는 일곱 살 아들이 있다.

목표 | 아들에게 부끄럽지 않은 아빠되기였으나 한수정 상무와의 원온원 후 변경됨.

성장미 | TND코리아 피플팀

MZ세대 대졸 신입사원. 일명 7스펙 보유자로, 열정은 크지만 방향을 모른다. 무엇이든 잘하고 싶은 마음은 크지만 무엇을 잘하고 싶은지는 아직 모른다.

목표 | 좋은 기업에 취직하기(달성), 모두가 행복한 일터 만들기.

이로운 | TND코리아 마케팅팀

성장미의 입사 동기. 단단한 워크그릿을 보유했다. 맡은 일은 크고 작든 끝을 보려는 성향이 있고, 말보다 행동이 먼저인 편이다. 주변 사람에게 '믿고 맡길 수 있는 사람'으로 통한다.

목표 | 사람들에게 힐링 공간을 제공하는 카페 사장되기.

그 외 등장인물

박차분

나태한의 아내. 출판사에서 일하다 육아를 위해 일을 관뒀다. 지금은 일곱 살 아들을 키우며 학습지 선생님으로 다시 일하고 있다. 성실하게 자신의 워크그릿을 키우는 중이다. 동시에 아들의 그릿을 길러주기 위해 노력하는 엄마다.
목표 | 눈눈이 학습지 지사 지부장되기.

나아진

나태한과 박차분의 아들. 무엇이든 해보고 싶어 하고, 쉽게 포기하지 않는 성향을 타고났다. 작은 도전 앞에서도 물러서지 않는 아이로, 부모에게도 배움이 되는 존재다.
목표 | 줄넘기 이중뛰기 성공하기였으나 달성 후 확장됨.

전은영

한수정의 친구이자 카페 '레느'를 운영한다. 대학 졸업 직후 결혼과 출산을 경험했다. 아이들이 중학교에 입학할 무렵 꿈을 찾아 유학길에 올랐다. 별다른 사회 경력은 없지만, 그릿을 갖추고 성공적으로 디저트 카페를 오픈했다.
목표 | 이야기가 있는 디저트 카페 운영하기.

이금봉

나태한의 고등학교 동창. 희망퇴직 대상자 통보를 받았다.
목표 | 생각해 본 적 없음.

하성과 | TND코리아 피플팀

입사 5년차 피플팀 과장. 성실하지만 자신의 방식만을 고집하는 편이라 팀과 자주 어긋난다. 결국 성과와 관계 모두에서 어려움을 겪고 있고, 3년째 저성과자로 분류되었다.
목표 | 없음.

김민정 | TND코리아 마케팅팀

입사 3년차 마케팅팀 대리. 둘째 출산 후 남편이 육아휴직을 시작하면서 비교적 이른 시기에 직장으로 복귀했다. 일과 삶 사이에서 균형을 찾으려 애쓰는, 현실적인 워킹맘이다.
목표 | 일을 포기하지 않기.

1장

워크그릿의 좋은 도구,
원온원

'이 정도면 괜찮다'라는 가장 위험한 생각

나태한 차장은 오늘 출근길에 이상한 예감이 들었다. 평온한 일상에 곧 성가신 일이 생길 것만 같은 기분이다. 오전 9시 30분. 예감은 빗나가지 않고 사내 메신저 알림이 떴다.

'나 차장님, 회의실에서 잠깐 뵐 수 있을까요?'

한수정 상무의 호출이다. 몇 달 전 TND코리아에 새로 영입된 HR 전문가. 기업의 재무적, 비재무적 성과는 물론이고 인성까지 뭐 하나 빠지는 게 없는 인물로 부임 전부터 회사의 기대가 상당히 높았다. 그는 부임 초기부터 원온원을 통해 개개인의 경력개발과 조직의 성장을 물심양면 돕겠다고 포부를 밝혔다. 요즘 들어 한수정이 직원들을 하나씩 부른다는 소문이 돌고 있었다. 원온원 자리에서 대화를 나누었다는 이야기였다.

"나 차장님 이야기를 좀 들어보고 싶었습니다. 요즘 어떤 업무에 가장 많은 시간을 쓰고 있는지, 더 하고 싶은 업무는 무엇인지도 궁금하고요."

"가장 중요한 업무는 임원분들 골프부킹입니다. 일정이 시시각각 바뀌다 보니 관리가 쉽지 않습니다. 저만큼 부킹 업무를 잘하는 사람도 없습니다."

"그 일, 중요하죠. 중요한 결정과 성과가 오가는 자리를 만드는 거니까요. 게다가 임원들 일정도 계속 바뀌고요. 그런데 그 업무를 차장님이 계속 해야 할 일인가에 대해서는 생각해 봐야겠네요. 더 중요한 업무를 수행할 수 있는 역량이 충분히 있다는 생각이 들어서요. 일주일 정도 시간을 두고 앞으로 어떤 업무를 하고 싶은지 저와 다시 이야기해 볼까요? 조직의 업무와 중요성을 더 잘 아는 건 저보다 나 차장님이니까요. 그 다음에 제가 도와드릴 수 있는 부분을 찾아보려고 합니다."

나태한은 의자를 조금 고쳐 앉고 말했다.

"제가 차장이긴 하지만… 연봉도 직급에 비해 많지 않고요. 지금도 크게 불만은 없지만 고민은 해보겠습니다."

"네. 일주일 뒤에 다시 뵙죠."

이렇게 한수정과 나태한의 첫 번째 원온원이 끝났다. 회의실을 나오면서 나태한은 아침에 들었던 불길한 예감이 틀리지 않았음을 인지했다. 앞으로 회사생활이 아무래도 조금 피곤해질 것 같았다. 그는 자리로 돌아가며 오늘 할 일 목록을 다시 떠올렸다. 해야 할 일은 그대로인데, 신경 써야 할 일은 하나 더 늘어난 기분이었다.

나태한의 아버지는 작은 중소기업에서 30년 동안 근무했다. 풍족하지는 않았지만 남매를 어려움 없이 키워냈다. 수도권에 소형 아파트 한 채를 마련해 둔 부모님을 떠올릴 때마다 늘 감사한 마음이 들었다. 그 역시 아버지와 비슷한 삶을 살게 되리라 생각했다. 그런데 아직 전세살이를 벗어나지 못한 건 자신의 무능력보다는 사회 탓이라고 여겼다. 큰 부자는 아니어도 아버지가 그랬듯 평범한 가장이라고 생각하고 있었다.

TND라는 글로벌 기업의 한국지사 차장. 꽤 괜찮은 직함이다. 일을 하면서 특별한 꿈은 없어도 외국계 회사라는 간판도 그럴듯하고, 정년까지 일하면 될 것이다. 무슨 일을 하는지는 중요하지 않다. 월급만 받으면 된다. 연봉이 높은 건 그만큼 책임이 크다는 뜻인데 굳이 그럴 필요는 없다고 여겼다. 하이 리스크, 하이 리턴. 임원으로 올라가 봐야 얻는 것보다 잃는 게 더 많다. 그저 적당히, 적당히 살면 된다고 생각했다.

나태한은 회사에서 딱히 하고 싶은 일이 없다. 오직 생계수단 정도로 만족한다. 팀장이 새로운 업무를 맡기려 하면 임원 골프부킹 때문에 골머리를 앓는 척하면 그만이다. 골프부킹 외에 다른 업무를 정성 들여서 하고 싶은 마음은 들지 않는다. 전국 골프장의 장단점을 파악하는 데 얼마나 공을 들였던가. 지금 이대로면 충분하다.

골프부킹 일이 없는 날이면 무료함을 느낄 때도 있다. 하지만 다른 사람들도 다 이렇게 살고 있을 거라 생각한다. 아무리 곱씹어 봐도 이대로가 딱 좋다. 그런데 마음 한구석이 찜찜하다. 무슨 이유로 유능하다고 소문난 한수정이 나태한의 업무에 반기를 들고 나서는 것일까. 도대체 뭐가 잘못된 걸까.

집으로 돌아가는 버스 안에서 골똘히 생각에 잠겨 있는데, 고등학교 동창 이금봉에게서 만나자는 연락이 왔다. 비슷한 처지의 직장인인 둘은 서로의 넋두리를 들어주며 유난히 죽이 잘 맞았다. 금봉은 나태한을 만나자마자 그의 표정을 단박에 읽어냈다.

"너 오늘 무슨 일 있었어? 표정이 별로다."

"상무님이 새로 오셨는데, 일주일 동안 내 포지션에 대해서 고민해 보라네."

"일 잘하고 있는 사람한테 왜?"

"잘하고 있는 게 아니었나 봐. 앞으로 직장생활 어떻게 할 건지, 어떤 업무를 하고 싶은지 생각해 보라더라."

"나도 지금 그 고민인데. 하위 10퍼센트 팀장들 나가라고 한다. 일 년치 연봉 준다면서."

"뭐? 너 열심히 잘하고 있었잖아. 동기들보다 승진도 빨랐고. 근데 네가 하위 10퍼센트라고?”

“처음 팀장 달 때에나 그랬지. 그런데 이제 더 이상 욕심 없거든. 일도 재미없고. 그래도 해온 노하우로 조금 더 버틸 수 있을 줄 알았는데. 사실 뭐 평생직장이 없어졌다는 말은 이미 오래전부터 떠돌았지… 남 일인줄 알았는데. 내가 그렇게 될 거라고는 생각도 못 했다. 큰일이다. 집사람한테 뭐라고 말하냐?”

“당장 나와야 하는 거야?”

“회사에서도 바로 해고는 못 하니 시간을 준다고는 하는데 언젠가는 끝내야겠지. 너무 답답해서 보자고 한 거야. 당장 회사 나오면 뭐 해야 할지도 모르겠고. 회사가 도대체 직원을 보호해 주질 않네.”

“같이 창업이나 할까?”

“새로 온 상무가 기회를 준다는데 무슨 창업이야.”

“나도 결국 나가라는 말 아니냐?”

“아니지. 너는 기회 잘 잡아라. 그리고 우리 동업은 하지 말자. 있던 우정도 깨진다. 창업도 아무나 하는 게 아니야. 얼마나 계획적이어야 하는데. 내 꼴 나지 말고, 잘해봐.”

둘은 맥주 두 캔씩 마시고 금세 헤어졌다. 짧은 대화였지만 금봉의 이야기는 나태한에게 큰 충격으로 다가왔다. 이게 직장인의 숙명인가. 남들은 잘도 다니는 회사가 자신과 금봉은 왜 이렇게 버거운지. 앞으로 무엇을 어떻게 해야 하는지 혼란스러워졌다.

사람은 저마다 다른 부분에 그릿을 지니고 있다

한수정과 나태한의 두 번째 원온원 날이다. 한수정은 직원들과 일주일에 한 번씩 원온원을 계획했다. 나태한은 임원과의 일대일 미팅을 일주일에 한 번씩 한다는 것은 말이 안 된다고 생각한다.

"나 차장님, 점심 식사는 맛있게 하셨어요? 뭐 드셨어요?"

"저희 팀 대리랑 된장찌개 먹었습니다."

"이 주변에 맛있는 곳 있으면 추천해 주세요."

"몇 군데 있죠. 상무님은 얼큰한 맛, 구수한 맛, 담백한 맛 중에 어떤 된장찌개를 좋아하시나요?"

"저는 담백한 맛을 좋아합니다."

"그러면 로데오 골목에 있는 최가네 된장찌개를 추천해 드려요."

"그걸 어떻게 다 알고 계세요?"

"이 정도야…. 제가 여기서 근무한 지 몇 년인데요. 그동안 다녔던 식당 주방장 특성, 맛의 특징도 엑셀로 정리해 뒀어요. 나중에 외부 클라이언트와 식사할 일이 생기면 사용할 수 있을까 해서요."

"식당 리스트도 있다고요? 굉장히 섬세하시네요. 이 실력으로 골프부킹의 대가가 되신 거군요."

"하하, 또 무슨 대가까지야…."

나태한의 입꼬리가 하늘 끝까지 올라가기 전에 한수정의 기운 빠지는 질문이 이어진다.

"지난주에 말씀드렸던 부분은 생각해 보셨나요?"

"사실 아무리 생각해도 모르겠습니다. 회사를 잘 다니고 있고, 다

그릿을 기르기에 좋은 원온원 체크리스트[79]

팀원의 그릿을 기르기에 원온원은 매우 좋은 방법이다. 팀원에게 단단한 워크그릿을 만들어 주기로 마음먹었다면 일대일 대화를 통해 그릿과 관련된 코칭을 수행하는 것이 좋다. 그릿에 대한 간단한 설명과 필요성을 소개한 후, 일과 관련된 장기적인 목표를 세 개 정도 고민해 오라는 과업을 제시하는 것이다. 다음 원온원에서 그 목표의 실행계획에 대해 의논하면 된다.

다음과 같은 질문을 통해 워크그릿 목표를 세울 수 있도록 돕고, 잘 수행하고 있는지, 회사의 지원이 필요한지 등을 확인할 수 있다.

☐ 일과 관련된 장기목표가 있다.

☐ 현재 조직에서의 업무는 경력목표 달성에 도움이 된다.

☐ 경험해 보고 싶은 업무가 있다.

☐ 목표달성을 위해 올해 성취해야 하는 리스트가 있다.

☐ 경력개발을 위해 회사나 리더가 도와주었으면 하는 부분이 있다.

☐ 목표에 대한 흥미를 유지하는 데 어려운 점이 있다.

☐ 목표달성을 위해 적극적으로 학습할 때, 지원받고 싶은 부분이 있다.

른 팀원의 일을 살펴봐도 제가 할 수 있는 업무가 없겠더라고요."

"나 차장님, 고용가능성이라는 말이 있어요. 영어로는 employability라고 합니다. 일할 수 있는 실력을 갖춰서 얼마든지 고용될 수 있는 사람을 고용가능성이 높은 사람이라고 불러요. 나 차장님은 스스로 생각하기에 고용가능성이 높은 사람인가요?"

"저는 이미 고용이 되었는데요. 고용가능성이 있어서 고용된 거 아닌가요?”

“요즘엔 평생직장이라는 말이 없어졌어요. 그 대신 평생직업이라는 말이 있죠. 차장님의 업은 무엇인가요?”

“저는 피플팀의 차장으로 사람들을 선발하고 개발을 돕는 일을 합니다.”

“사람들을 선발하고 개발을 돕는 일을 현재 하고 계시나요?”

“…”

나태한은 말문이 막혔다. 생각해 보니 그렇다. 골프부킹 업무만을 사수하고 더 이상의 일을 받지 않으려는 모습이 갑자기 부끄러워졌다.

“나 차장님, 일주일 더 시간을 드려 볼까요? 두 가지 선택지를 드릴게요. 사내에서 업무를 하나씩 확대해 보는 것과 내가 지금 하고 있는 업무 말고 혹시 더 잘할 수 있는 일이 있는지 찾아보는 것, 이 두 가지요.”

“네? 저 나가라는 말씀인가요?”

“그런 의미가 아니에요. 혹시 다른 분야에 관심이 있으시다면 도와드리려고요. 아이가 있으시죠? 부모가 아이에게 알려줘야 하는 지식과 삶의 지혜가 참 많잖아요. 그중에서도 목표를 위해 끊임없이 노력하는 힘을 길러주는 게 가장 중요하다고 생각해요. 그걸 그릿이라고 하는데, 그릿이 있으면 어떤 어려움이 있어도 끝까지 달려갈 수 있어요.”

“저도 아들에게 그렇게 하라고 일러줍니다.”

“잘하고 계시네요. 그런데 가장 좋은 본보기는 부모예요. 부모가 그런 모습을 보이면 아이가 본받게 되어 있죠.”

리더가 팀원의 워크그릿을 설계하는 방법

• 강점 찾기
최근에 끝까지 해낸 일, 시간 가는 줄 모르고 몰입한 순간, 남들이 자주 부탁하는 일은
무엇인지를 질문해 강점을 발견한다. 그리고 그 강점을 현재 과업과 연결해 일을 설계
하면 효과적이다.

• 작은 승리 설계하기
과제를 일주일 단위로 잘게 쪼개고, '오늘 할 일 1가지'를 정해 완료 기준을 명확히 한다.
그 결과에 대해 짧게라도 피드백을 주어 성취감의 고리를 만들면 워크그릿이 높아진다.

• 길을 터주기
업무 우선순위를 재조정하거나 불필요한 보고를 줄여 방해 요인을 걷어낸다. 필요한 자
원(레퍼런스, 템플릿)과 사람(멘토)을 연결해 주는 것도 도움이 된다. 질문과 경청하는 모습
을 보이며, 스스로 선택하고 설계하도록 돕고 격려할 때 팀원의 워크그릿이 키워진다.

"저에게 그릿이 없다는 말씀을 하시는 거죠?"

"모두에게는 서로 다른 그릿이 있어요. 업무에서 요구되는 건 바
로 워크그릿인데요. 누군가는 업무 그릿이 있고, 또 누군가는 없을
수도 있는 거고요. 저는 그걸 찾아드리고 싶다는 거예요."

"그럼 앞으로 제가 뭘 하면 될까요?"

"이 회사에서 포지션을 어떻게 설정할 것인지 더 고민해 보세요.
두 가지 방법이 있습니다. 입사 때부터 지금까지 해봤던 업무를 정

리해 보고, 스스로 평가를 내려보세요. 그리고 가장 재밌게 몰입했던 업무와 힘들었던 업무가 무엇이었는지도 평가해 보세요. 일주일 뒤에 다시 뵙는 걸로 해요.”

‘그냥 이대로가 편한데. 상무님은 내가 마음에 안 드는 모양이네.’ 나태한은 나오는 한숨을 숨기지 못했다.

내 인생을 위해 그릿한 삶을 살아볼 필요가 있다

지난 한 주 동안 나태한은 그릿이 무엇인가에 대해 알아보기 위해 노력했다. 《그릿》이라는 책과 TED 강연도 챙겨봤다. ‘어떤 일에 대해 관심을 두고 끝까지 이어가는 노력’이라는 설정이 눈에 들어왔다. 다만 이 개념이 학생이나 운동선수 이야기처럼 느껴져, 과연 직장인에게도 의미가 있는지 궁금해졌다. 그는 그 질문을 세 번째 원온원에서 꺼내 볼 생각으로 그 시간을 기다렸다. 원온원을 기다린 또 다른 이유는 조직에 새로 온 한수정에게 내심 자신의 파워를 과시하고 싶은 마음도 있었다.

“그릿은 IQ가 낮은데 좋은 학교에 가고 싶은 학생들에게나 강조되어야 할 개념이 아닌가요? 회사원은 그릿이 필요 없는 대상인 듯합니다.”

“왜 그렇게 생각하세요?”

“저는 이 회사의 창단 멤버입니다. 한국지사를 설립할 때 얼마나 고생했는지 상무님은 모르시잖아요. 이제는 편안하게 직장 생활을 하면 안 되나 싶어서요. 그리고 모두가 상무님처럼 임원을 꿈꾸는 것도 아니니까요. 대학 입시, 사회 초년생일 때 취업 준비, 차장으로 승진할 때, 저도 꽤 큰 노력을 하면서 살아왔다고 자부하거든요."

"나 차장님. 그릿은 이 시대의 직장인이 꼭 지녀야 할 매력적인 특성이에요."

"저는 시키는 일을 했을 뿐입니다. 주어진 일만 하기에도 힘든데, 추가적인 목표를 세우기가 과연 쉽냐는 겁니다."

"회사에서 주는 업무를 기계처럼 수행할지, 나의 목표와 연결해 정성스럽게 수행할지는 개인의 선택입니다. 하지만 어떤 선택을 하느냐가 쌓여서 결국 미래의 나를 만들고, 고용가능성을 높이기도 합니다. 게다가 아이는 부모의 거울이라는 말, 아시죠?"

"지금 모습으로는 제가 저희 아들의 그릿을 키워주지 못할 거라는 말씀이신가요?"

언성이 높아진 둘 사이에 꽤 긴 침묵이 흘렀다.

"사실 차장이나 돼서 내가 뭘 잘하는지도 모른다는 게 좀 창피하긴 합니다. 그런데 어떤 일에 강점이 있는지, 어떤 역할에 제가 잘 맞을지… 그런 걸 이제 와서 하나하나 들여다보는 것도 괜히 꺼려지고요."

"저는 조금 더 발전적인 삶을 위해 차장님께 말씀을 드리는 거지, 차장님이 잘못 살아가고 있다는 뜻은 아니에요. 다만 지금의 선택들이 쌓여서 앞으로 어떤 리더가 될지, 어떤 사람으로 기억될지를 만들어 간다고 생각해요. 아이에게 좋은 모습을 보여주고 싶으신 것처럼요. 그 삶이 가정이든 직장이든 어디서든지 마찬가지예요. 그릿하게 살아가는 모습은 말로 가르치지 않아도 주변 사람들에게 전해집니다. 다음 원온원에서는 조금 더 확신이 생긴 차장님의 이야기를 들을 수 있으면 좋겠어요."

워크그릿을 시작하는 방법

• 이름을 남기고 싶은 분야 정하기

10년 뒤에도 계속 붙잡고 싶은 키워드가 무엇인지 점검하고, 장기적인 방향을 설정하자. '어떤 일을 한 사람으로 기억되고 싶다' 등의 목표를 한 문장으로 한 줄로 써본다. 이 문장이 앞으로 선택의 기준이 될 것이다. (예. '나는 사람을 키우는 HR 전문가로 기억되고 싶다.')

• 워크그릿을 방해하는 요인 점검하기

워크그릿을 제대로 발휘하지 못하는 요인이 무엇인지 점검한다. 제대로 발휘하지 못하는 요인에는 능력 부족, 환경적인 문제, 심리적인 요인 등이 있을 수 있다.

• 혼자서 안 되는 지점을 확인한 뒤 개선하기

방해 요인을 점검하여 혼자 해결이 어려운 지점이 어디인지 파악하자. 그 지점을 해결하기 위해 상사나 동료, 관련 부서에 도움을 요청해 보자.

나는 어느 정도의 워크그릿을 갖추고 있을까

TND코리아에서는 매달 점심시간을 이용해 직원들의 자기계발 혹은 힐링을 위한 '런치 타임 토크쇼'를 진행한다. 지금까지 퍼스널 컬러 진단, 감정오일 만들기, 유명 작가 북토크 등 다양한 시간을 가졌다. 이날은 한수정이 자신의 지인이자 워크그릿을 연구하는 강지구 박사를 초대했다.

"안녕하세요. 저는 워크그릿을 연구하는 강지구입니다. 여러분, 어떠한 목표에 대한 지속적인 관심과 끈기를 뜻하는 그릿이라는 단어는 많이 들어보셨죠? 그렇다면 그릿에 일을 접목하면 어떻게 될까요? 워크그릿은 일에 대한 목표를 갖고 이를 달성하기 위해 쏟는 개인의 노력을 말합니다. 한마디로 일에 대해 그릿을 발휘하는 거죠."

많은 사람이 흥미롭게 이야기를 듣는다.

"그릿은 학업성취, 행복, 만족, 운동경기 우승 등 다양한 영역에서 긍정적인 효과를 보인다는 점이 여러 연구를 통해 확인되었어요. 특히 조직이나 일하는 사람의 맥락에서 워크그릿은 다방면의 효과를 보입니다. 일단 일에 대한 퍼포먼스가 좋아지고, 자신의 지식을 동료들과 나누려고도 해요. 결국 조직성과에 큰 도움이 되죠."

강지구는 워크그릿이 자신의 일과 직업에 대한 정체성을 형성하는 데 도움을 주는 개념이라고 설명했다. 워크그릿이 높은 사람일수록 자신을 '어떤 일을 하는 사람인지' '어떤 전문성을 지닌 사람인지' 명확히 설명할 수 있다. 이는 경력과 직무 만족도를 높이고 삶의 의미를 형성하는 데에도 긍정적으로 작용하며, 이 때문에 많은 조직에서 구성원의 그릿을 기르고자 노력한다. 설령 조직에서 개인의 그릿에 큰 관심을 두지 않더라도, 개인 스스로 워크그릿을 기르기 위해 노력할 이유가 충분하다. 참여한 직원들은 교육에 앞서 사전 응답한 워크그릿 진단지를 보며 질의를 이어 나갔다.

"박사님, 안녕하세요. 피플팀의 성장미 사원입니다. 저는 45점이 나왔는데요. 제 동료는 70점이 나왔습니다. 저는 성실하다는 소리를 자주 듣는 편인데, 제 점수는 왜 이렇게 낮은 걸까요? 저의 낮은 그릿은 개선될 수 있을까요?"

"네, 성장미 사원님. 좋은 질문 감사합니다. 학문적으로 그릿은 성실성과 동일한 개념이지 않느냐, 왜 같은 것을 새로운 것처럼 연구하냐는 논의가 있습니다. 그런데 성실하다고 해서 그릿이 높진 않아요. 자기 일과 관련된 행복감을 위해서, 경력성공을 위해서는 그릿이 필요하거든요. 원하는 목표에 대한 올바른 방향으로의 성실한 노력이 그릿입니다. 워크그릿은 개인의 의지와 주변의 도움으로 얼마든지 길러질 수 있습니다."

강지구는 워크그릿 점수가 낮은 이유를 목표의 불명확성에서 찾으며, 목표를 다시 설정할 필요가 있다고 설명했다. 반면 자신의 점수가 양호하게 나온 사람은 앞으로 어떤 노력을 하면 좋을지, 아이의 그릿은 어떻게 높일 수 있을지, 혹은 자신의 그릿을 어떤 방식으로 점검할 수 있을지 등의 질문과 답이 오고 갔다. 그동안 나태한은 무언가 알 듯 말 듯한 표정을 지으며 침묵했다. 며칠 전 한수정이 설문지를 작성해 오라는 전체 메일을 보내는 데 이어 당부의 의미가 담긴 개인 메시지까지 전달받은 상황이었다.

'나 차장님. 차장님은 워크그릿 질문지를 기획안을 작성하는 상황과 골프부킹을 하는 상황을 생각하며 응답해 주세요. 응답지가 2개 나와야 합니다. 무조건 점수가 높아야만 좋은 것은 아닙니다.'

나태한이 받은 설문지는 '나는 일과 관련된 관심사를 오래 유지하는 편이다' '나는 업무를 수행하는 동안 해당업무에 대한 흥미를 유지한다' 등의 5점짜리 문항 20개가 100점 만점으로 구성되어 있었다.[80] 나태한은 기획안을 작성하는 상황에서 체크해 보니 30점이 채되지 않았고, 골프부킹을 하는 상황으로 해보니 총 88점이 나왔다.

⧗ ⧗ ⧗

런치 타임 토크쇼가 끝난 며칠 뒤, 나태한은 워크그릿 진단지를 들고 한수정과 원온원을 했다.

"상무님, 기획안 작성은 26점, 골프부킹은 88점이에요. 기획안 업무를 생각하고 응답을 했을 때는 점수가 너무 낮아서 조금 창피했습니다. 그런데 골프부킹 업무를 생각하며 응답하니 점수가 꽤 높게 나오더라고요. 점수가 왜 이렇게 차이가 나는지 의문이 들었습니다."

"워크그릿 점수는 사람마다, 영역마다 다른 게 맞아요. 같은 사람이라도 어떤 영역을 떠올리며 답하느냐에 따라 달라질 수 있어요. 그래서 이 점수는 누가 높고 낮은지를 가리기 위한 게 아닙니다. 제가 이 진단을 통해 드리고 싶은 말은 차장님도 이미 워크그릿을 가진 사람이라는 거예요. 지난번에 '잘하는 게 없는 것 같아 걱정된다'고 하셨잖아요. 그런데 이렇게 고민하고, 더 나아지고 싶어 하는 마음 자체가 워크그릿의 출발점입니다."

한수정은 이번 진단을 통해 업무에 대한 그릿은 특정한 사람만의 특성이 아니라, 누구에게나 형성될 수 있다는 점을 나태한에게 전하고자 한 것이다. 그릿은 골프부킹 업무에만 국한된 것이 아니라, 다른 일을 맡았을 때도 진단지의 문항처럼 행동하면 충분히 발휘될 수 있다는 점도 함께 말해주고 싶었다. 예를 들면 '업무수행 시 궁금증이 생기면 해결할 때까지 탐구한다'라는 문항이 그렇다. 골프부킹 업무에서는 예약 취소나 새로 생긴 골프장에 대해 궁금한 점이 생기면 적극적으로 해결하려 할 것이다. 그러나 골프부킹 외에 다른 업무에서는 어떤 문제가 발생해도 깊게 들여다보지 않고, 궁금증조차 느끼지 않는 나태한 스스로 깨닫기를 바랐다. 일을 좋아할수록 워크그릿 점수는 높아진다. 더 잘하고 싶다는 마음이 생기기 때문이다.

그릿은 누구에게나 있다

나태한은 일곱 살 아들 나아진, 아내 박차분과 함께 행복한 가정을 꾸리고 있다. 차분은 결혼 전 유아동 교과서와 학습서적 출판사에 다녔다. 규모는 작았지만 자신의 일을 성실히 했고, 친구의 소개로 나태한을 만나 결혼했다.

차분은 결혼과 임신, 출산을 겪으며 출산휴가에 이어 6개월의 육아휴직을 한 후 회사에 복직했다. 생후 7개월이 되자마자 어린이집 생활을 시작한 아진은 병을 달고 살았다. 코감기가 끝나면 목감기, 목감기가 잦아들면 기침감기, 중이염, 폐렴, 독감, 수족구… 양가 부모님의 도움을 받을 형편도 되지 않아 남편과의 상의 끝에 회사를 그만두고 아이를 돌보게 되었다.

아진이 일곱 살이 되자 차분에게 오전 9시부터 오후 5시까지 여유 시간이 생겼다. 작고 귀여운 생명체에 면역력이 생겼는지 병치레도 줄어들고, 점점 친구들과의 시간이 많아졌다. 차분은 시간적 여유가 생기자, 다시 일을 해 가계에 보탬이 되어야겠다고 생각했다. 그러나 이전과 같이 사무실에 꼬박 출근해야 하는 풀타임 근무는 아직 무리였고, 교과서나 학습서적의 트렌드도 빠르게 변해 차분의 경력은 옛것이 되어버린 듯했다.

차분은 일을 다시 하고 싶다는 마음을 SNS에 남겼다. 이를 본 전 직장 후배가 안부 전화를 걸어왔다. 그는 현재 유아와 초등학생을 대상으로 하는 한 학습지 회사의 지부장으로 일하고 있었는데, 차분의 경력과 현재 상황을 생각해 볼 때 학습지 선생님이라는 일을 시작해 보면 좋을 것 같은 생각이 들어 전화한 것이다. 후배는 차분에게 경력단절여성이 아닌 '경력보유여성'으로 얼마든지 새 시작을 할

워크그릿 진단[81]

인적자원개발 전문가들의 검토를 거쳐 문항의 신뢰도와 타당도를 통계적으로 검증한 워크그릿 측정 진단지가 있다. 워크그릿은 응답자가 어떤 업무를 염두에 두고 진단하느냐에 따라 점수가 달라질 수 있다. 예를 들어 '마케팅 업무' 전반을 떠올리며 응답할 수도 있고, 그중에서도 '소비자 분석'과 같은 특정 세부 업무를 기준으로 답할 수도 있다.

업무 수행 전반에 대한 개선점을 찾고자 한다면, 포괄적으로 자신의 '마케팅 업무 전체'를 기준으로 응답하는 것이 도움이 된다. 진단을 마친 뒤에는 다른 문항에 비해 '매우 그렇지 않다'에 가까운 점수를 준 문항을 따로 메모한 후 그 문항에서 더 높은 점수를 받기 위해 어떤 전략이 필요한지 상사나 멘토와 함께 논의해 볼 수 있다.

예를 들어 6번 문항인 '나는 시간이 오래 걸리는 과업도 지치지 않고 수행한다'에 선뜻 그렇다고 답하기 어렵다면, 이는 모든 과업에 동일한 수준의 끈기를 발휘하지는 못한다는 의미일 수 있다. 이 경우 자신이 맡고 있는 과업 중 시간이 많이 소요되는 일을 먼저 나열해 보는 것이 좋다. 그런 다음에 시간이 오래 걸려도 비교적 수월하게 수행할 수 있는 과업과 유독 쉽게 지치는 과업을 구분해 본다. 이 과정을 통해 자신의 업무 중에서 특히 선호하는 과업과 오래 끈기를 발휘할 수 있는 과업을 발견할 수 있다.

매우 그렇지 않다 1점, 그렇지 않다 2점, 보통이다 3점, 그렇다 4점, 매우 그렇다 5점

번호	문항	1	2	3	4	5
1	일과 관련된 관심사를 오래 유지하는 편이다.					
2	업무를 수행하는 동안 해당 업무에 대한 흥미를 유지한다.					
3	평소보다 기간이 오래 소요되는 업무에도 꾸준히 집중할 수 있다.					
4	업무에 대한 흥미가 지속된다.					

번호	문항	1	2	3	4	5
5	업무목표 달성을 위해 해야 하는 일을 꾸준히 수행한다.					
6	시간이 오래 걸리는 과업도 지치지 않고 수행한다.					
7	주변인의 인정을 받지 못하더라도 업무목표 달성을 위해 내 업무를 계속 수행한다.					
8	업무가 조직에서 단기간에 인정받을 수 있는 일이 아닐지라도 맡은 역할을 수행한다.					
9	업무수행 시 궁금증이 생기면 해결될 때까지 탐구한다.					
10	업무목표 달성을 위해 필요한 절차와 방법을 고민한다.					
11	업무수행을 위해 필요한 것들을 학습한다.					
12	난이도가 높은 업무도 학습을 통해 해결할 수 있다.					
13	지난 과업으로부터 배울 점을 탐색한다.					
14	그간의 업무를 통해 얻은 인사이트(통찰)를 바탕으로 업무를 수행하고자 한다.					
15	업무수행 시 발생하는 많은 일은 자신에게 배움을 준다.					
16	업무수행 시 발생하는 어려움을 여러 방법(학습, 인적 네트워크 등)을 통해 해결하고자 한다.					
17	업무수행 시 발생하는 어려움을 해결하는 편이다.					
18	업무수행 시 발생하는 상황을 긍정적인 방향으로 해석한다.					
19	새롭게 주어지는 업무를 좋은 기회라고 생각한다.					
20	업무수행 시 겪었던 어려움을 좋은 경험으로 받아들인다.					

국내 근로자 1,653명을 대상으로 한 설문조사에서, 남성의 워크그릿 평균점수는 74.14점, 여성의 평균점수는 74.86점으로 도출되었다. 세대별로는 30세 미만이 69.57점, 30대는 73.43점, 40대는 77점, 50세 이상은 77.14점으로 나타났다.[82] 총점에 따라 다음과 같이 해석할 수 있다.

91~100점: 워크그릿이 매우 높은 상태. 일에 대한 강한 열정과 끈기를 유지하며, 목표 달성을 위해 지속적으로 노력하는 특징을 보인다. 도전적인 과제에도 적극적으로 대응하고 높은 성과를 창출하는 사람들이 속한 집단이다.

71~90점: 일정 수준의 열정과 끈기를 바탕으로 일에 몰입할 수 있는 역량을 보유한 상태. 추가적인 동기부여와 성장 기회 제공 시 더 단단한 워크그릿을 발휘할 수 있다. 한국인이 가장 많이 분포한 구간이다.

61~70점: 워크그릿을 기를 가능성이 높은 상태. 많은 문항에서 '보통이다'와 '그렇다'로 응답한 집단. 현재는 중간 수준의 열정과 끈기를 보이지만, 개인적인 목표 설정과 환경적 지원을 통해 지속적인 성장이 기대된다. 구체적인 피드백과 멘토링에 따라 긍정적인 변화가 올 수도 있다.

31~60점: 워크그릿이 낮은 상태. 일에 어려움이 없는 상황이거나 열정이 없는 상태. 원인 분석과 함께 직무 재설계, 코칭, 또는 심리적 지원 프로그램을 통해 동기부여 전략을 마련해야 한다.

20~30점: 워크그릿이 매우 낮은 상태. 이 구간에서는 일과 관련된 뚜렷한 목표가 없을 가능성이 크다. 개인적 목표 재설정, 자기계발 프로그램, 또는 조직 차원의 지원을 통해 동기와 열정을 강화할 필요가 있다.

수 있다며 용기를 주었다. 통화를 마친 뒤 아파트 정문 앞에서 우연히 유아 학습지 홍보 부스를 마주한 차분은 그 안에 있는 학습지 선생님들을 주의 깊게 쳐다봤다.

일주일 뒤, 차분은 집에서 아진과 눈눈이 학습지 선생님을 만났다. 초등학교 입학 전에 한글을 배워야 한다는 홍보 부스에서 만난 선생님의 설득에 학습지를 신청한 것이다. 거기에 한 가지 이유가 더 있었다. '적을 알고 나를 알면 백전백승이다'라고 했던가. 학습지 선생님이라는 직업에 관심이 생겼다. 아진의 학습지 선생님에게 어쩌다 이 일을 시작하게 되었는지도 물어봤다. 선생님 또한 과거에 차분과 비슷한 상황이었다. 출산과 육아를 몇 년 동안 한 이후 재취업이 쉽지 않아 고민하다가 비교적 시간 활용이 가능한 이 일을 선택했다고 말했다.

⧗ ⧗ ⧗

박차분은 결국 학습지 선생님에 도전해 보기로 했다. 이 결정에 남편 나태한은 별 반응이 없었다. 반대하지 않았지만, 응원도 해주지 않았다. 하지만 더 큰 벽은 시어머니였다. 아들이랑 남편을 내팽개치려는 속셈이 아니냐는 비아냥에 속앓이를 했다. 차분은 그럴수록 더 오기가 생겼다. 안 그래도 낯선 일을 시작하는데 가족만큼은 응원해주길 기대했다.

"여보, 나 학습지 선생님에 도전해 보려고. 서류 제출했어. 어머님께서 아무리 뭐라고 말씀하셔도 나는 한번 해보고 싶어.”

“당신 힘들까 봐 그래. 그리고 내가 또 회사 잘 다니고 있는데….”

“일단 응원해 줘. 응원만 있으면 할 수 있을 것 같아.”

이 말을 듣는 순간 나태한은 뜨끔했다. 한수정과의 원온원 이후 자신의 직장생활에 대해 생각해 보면서 위기감도 들고, 커리어를 이어가는 한수정이 인상적이었던 참이다. 아내를 응원하고 싶지만 어떻게 해야 할지 알지 못한 채 생각만 깊어졌다.

학습지 선생님이 되기 위해서는 면접과 교육, 테스트를 차례대로 거쳐야 했다. 차분은 면접은 무난하게 통과했지만, 한 달 간의 교육은 쉽지 않았다. 교육 틈틈이 보는 시험과 최종 테스트, 수업 롤플레이까지 마쳐야 무사히 자격을 얻을 수 있다. 집에 돌아와 공부하는 엄마의 모습이 낯선 아진은 같이 놀아달라고 계속 졸랐다.

차분은 무엇보다 함께 교육받는 동료들이 마음에 들었다. 쉬는 시간마다 간식을 먹으며 나눈 각자의 앞으로의 계획과 바람은 박차분에게 작은 자극이 되었다. 그리고 교육을 통해 학습지 선생님이 조직 안에서 어떤 경력을 쌓을 수 있는지도 알게 되었다. 시작은 학습지 선생님이지만 경험과 성과에 따라 공부방 원장이나 지부의 부서장으로 성장할 기회도 있었다. 한 달간의 교육을 마치고 최종 테스트를 통과한 뒤 차분은 마침내 학습지 선생님이 되었다.

며칠 뒤, 차분은 마트 앞에서 부스 영업을 했다. 오가는 고객에게 학습지를 소개하고 아이들을 위해 풍선 공예도 선보였다. 늘 무심히 지나치던 부스에 자신이 서 있다는 사실이 낯설게 느껴졌다. 귀가 후 아진을 재운 차분은 갑자기 눈물을 흘렸다.

"아진 엄마, 왜 그래?"

"그냥… 사람들이 내 이야기를 잘 안 들어주네. 사회생활이 너무 오랜만이라 무섭기도 하고…."

"그러니까, 뭐 하러 그런 걸 한다고 나서서 험한 꼴을 봐. 그냥 그만둬."

"싫어. 나도 나를 찾고 싶어. 일에 대한 목표를 갖고, 실천하며 살고 싶단 말이야. 가정을 돌보는 것도 중요하지만, 나는 일을 통해서 자아실현을 하고 싶은 마음이 커."

나태한은 성격에 맞지 않는 일이라며 걱정했지만, 차분은 연습하면 된다고 말해주는 남편의 응원을 바랐다. 나태한은 자신의 말이 상처가 되지 않았을까 걱정하면서도 계속해 보겠다며 의지를 보이는 차분이 신기하고 대견했다. 이것이 한수정이 말한 '그릿'일지도 모른다는 생각이 들었다. 그제야 나태한은 부부가 함께 그릿을 키워 아진에게 본보기가 되는 삶도 나쁘지 않겠다고 느꼈다.

삶의 원동력이 되는 일

차분은 점점 일에 적응해 나갔다. 열심히 한 만큼 보상이 따르고, 아진을 보살피면서 시간을 유연하게 사용할 수 있다는 점도 마음에 들었다. 일을 하다 보니 한 지역을 담당해 보고 싶다는 목표도 생겼

경력목표 달성을 위한 TO DO LIST

- 내가 이루고 싶은 경력목표(내가 일을 통해 이루고 싶은 목표, 직업적으로 이루고자 하는 목표)를 작성한다.
- 경력목표를 달성하기 위해 해야 하는 일을 5가지 작성한다(개인적 역량 측면).
- 해야 하는 5가지 일을 위해 1년 안에 달성할 목표, 6개월 뒤에 달성해야 하는 일, 이번 달에 달성해야 하는 일, 이번 주에 달성해야 하는 일을 작성한다.
- 실천한다. 성찰한다.

나의 경력목표가 무엇인가?

-

경력목표 달성을 위해 해야 하는 일 5가지

-

-

-

-

-

1년 안에 달성해야 하는 일

-

-

6개월 뒤에 달성해야 하는 일

-

-

이번 달에 해야 하는 일

-

-

이번 주에 해야 하는 일

-

-

나의 경력목표는 무엇인가?

- 방문 학습지 지사 지부장되기

경력목표 달성을 위해 해야 하는 일 5가지

- 가정방문 담당 학생 50명 유지

- 디지털 학습 담당 학생 10명 유지

- 러닝센터 담당 학생 10명 유지

- 리더십 레벨 입문

- 코칭/상담사 자격증 취득

1년 안에 달성해야 하는 일

- 코칭/상담사 자격증 취득

- 러닝센터 두 학기 운영 완료

6개월 뒤에 달성해야 하는 일

- 리더십 교육 수료

- 코칭/상담사 자격증 접수

- 러닝센터 1학기 운영 완료

이번 달에 해야 하는 일

- 러닝센터 업무 익히기

- 디지털 학습 담당 학생 늘리기

- 코칭 과정 알아보기

- 자격증 취득(코칭, 상담사) 회사 지원 범위 알아보기

이번주에 해야 하는 일

- 최선을 다해 가정방문 다니기

- 가정방문 담당 학생 모집 3회(홍보 부스 개설)

다. 목표가 생기자 습관도 달라졌다. 차분은 틈만 나면 메모장에 생
각을 적기 시작했다.

차분이 사무실에 두고 온 메모를 우연히 지부장이 보게 되었다.
지부장은 차분의 의욕을 반기며 학생과 학부모 반응이 좋다고 전했
고, 필요하면 언제든 돕겠다고 말했다. 오랜만에 받은 인정에 박차분
의 눈시울이 붉어졌다.

그날 저녁, 나태한은 차분이 지부장에게 칭찬받았다는 이야기를
듣고 아내가 한수정 같은 리더를 만났다고 생각했다. 둘은 맥주를
마시며 TV를 틀어 둔 채 앉아 있었다.

"아진 아빠, 개그맨 김영철 알지? 그 사람은 어릴 적 꿈이 코미디
언과 라디오 DJ가 되는 거였대. 그걸 다 이룬 뒤에는 국제적인 코미
디언이 되는 것을 꿈꾼다더라고. 매일 자신의 목표를 위해 한 발짝
나아가는 삶이 바로 그릿 아닐까?"

나태한은 차분의 입에서 '그릿'이라는 말이 나오자 흠칫 놀라면서

인간의 최상위 욕구, '자아실현의 욕구'

매슬로(Abraham Maslow)는 인간의 욕구를 5가지로 구분했다. 일차적인 욕구는 생리적 욕구(physiological needs)로 먹고 살아가는 문제와 관련 있다. 여기에는 음식과 수면 등 생리적 욕구가 포함된다. 2단계는 안전의 욕구(safety needs)로 신체와 심리적 안전과 관련된 것들을 추구하는 욕구다. 거주 안정성, 직업 안정성, 건강한 신체, 경제적 여유 등이 포함된다. 3단계는 사랑과 소속감의 욕구(love and belonging needs)다. 사람은 사랑을 주고받기를 원하며 어딘가에 소속되고 싶은 욕구를 두고 있음을 의미한다. 4단계는 존중의 욕구(esteem needs)로, 자존감, 타인의 인정, 성공했다는 평가 등과 관련되어 있다. 마지막 5단계는 가장 최상위의 욕구로서 자아실현의 욕구(self-actualization needs)다. 자기 잠재력을 최대한 발휘하여 사회에 공헌하고, 가장 최상의 상태인 자신을 만들어 가고자 하는 욕구다. 개인적 성장, 목표 달성 등과 관계가 있다.

이 이론에 따르면 하위 단계의 욕구가 충족되어야 상위 단계의 욕구가 생기게 되고, 상위단계로 갈수록 달성이 어렵지만 만족감이 지속되는 정도가 오래간다. 기본적인 욕구가 충족되지 않으면 존중의 욕구나 자아실현의 욕구를 추구할 여력이 없지만, 단순한 욕구들이 해소되고 나면, 사람은 더 나아진 자기 자신을 원하게 된다. 다시 말해, 인간은 더 나은 자신을 만들고 싶어 하고, 의미 있는 삶을 살고 싶어 하는 존재라는 것이다.

단순히 먹고사는 것을 넘어, 인정받고 싶고, 잘하고 싶고, 자기 삶에 가치를 부여하고 싶어지는 것이다. 직장은 이러한 상위 욕구가 가장 많이 자극되는 공간이다. 그래서 일정 수준 이상의 안정이 확보되면 "얼마를 버는가"보다 "나는 무엇을 하며 사는가"가 더 중요해진다. 이 때 필요한 힘이 바로 워크그릿이다. 워크그릿은 더 나은 자신이 되고 싶다는 욕구를 실제 행동과 성장으로 연결해 주는 힘이다.

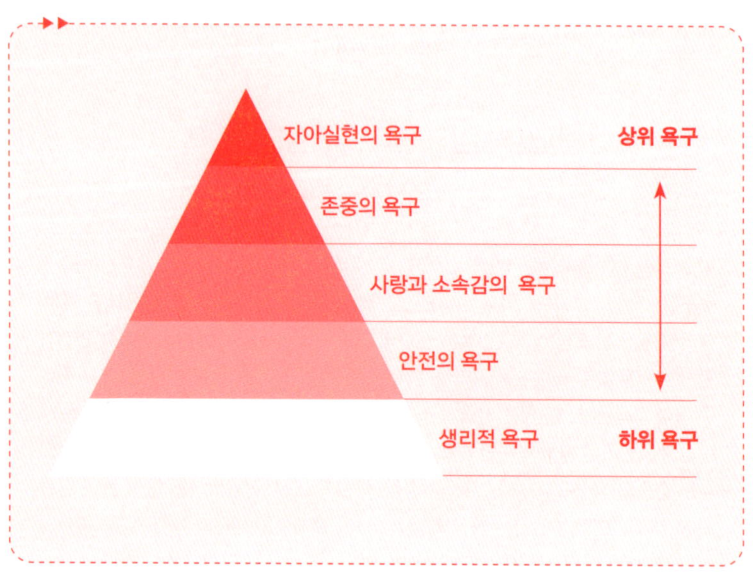

도 괜히 퉁명스럽게 받아쳤다.

"당신도 그릿을 알아? 그런데 김영철 씨는 목표가 너무 많은 거 아니야?"

"본인 인생을 활기차고 멋지게 산다는데 왜? 다양한 목표를 세운다고 해서 한 우물을 못 파는 게 아니야. 오히려 그게 더 구체적으로 움직이게 만드는 힘이 되기도 해. 나도 아진이 교육 때문에 '그릿'이라는 개념을 알게 됐거든. 목표를 세우고 끝까지 해내는 힘, 그걸 말하는 거잖아."

나태한은 집에서도 그릿 이야기를 나누고 있는 이 상황이 낯설면서도 점점 그릿을 이해하게 됐다.

꿈틀대는 워크그릿

한수정과 나태한의 네 번째 원온원 날이다.

"나 차장님, 며칠 전에 강 팀장과 원온원을 하다가 나 차장님이 사무실 이전 TF에서 활약한 이야기를 전해 들었어요. 후보지 평가표를 만든 것이 이전 결정에 중대한 역할을 했다고 하던데요."

"후보지의 장단점을 말로만 나열하기보다는 기준별로 점수를 매겨보면 어떨까 해서 만든 표였습니다. 접근성, 주변 편의시설, 근무환경, 사무실 면적, 공간활용 유연성, 교통편, 임대료 같은 항목들을 몇 가지 범주로 묶어서 정리했어요. 그리고 중요도에 따라 가중치도 만들어서 달았습니다. 후보지별로 점수를 계산한 후에 이야기를 하면 논의하기가 수월할 것 같길래…."

"골프부킹 업무가 아니었는데, 어떻게 그런 적극성을 발휘했나요?"

"누구나 할 수 있는 일이라고 생각했습니다."

"회사 일이 원래 별것 아닌 일들이 많아요. 그래도 업무를 정성스럽게 할지 말지에 따라 결과는 달라지죠. 그 평가표가 실제 의사결정에 도움이 됐다는 이야기를 들으면서 나 차장님의 방식이 의미 있다는 생각이 들었어요."

"그렇군요. 이런 인정을 받은 게 오랜만이라 낯설고 얼떨떨하네요. 제가 큰 업무를 잘하는 게 없으니 TF에나 가라고 한 거라서요."

"제일 중요한 역할을 한 거죠. 사무실 이전은 단순히 장소를 옮기는 게 아니라, 조직의 효율과 구성원들의 일하는 환경을 바꾸는 결정이잖아요. 참, 어떤 업무를 하고 싶은지 고민해 보셨나요?"

"이번 일주일 동안 스스로를 좀 돌아봤습니다. 무슨 업무를 할 수 있을지 고민해 보니 회사에 어떤 업무들이 있는지 제가 잘 모르더라고요. 부끄러웠습니다. 정말 별 생각 없이 기계적으로 다녔던 것 같습니다. 그런데 TF 업무에 대해 이렇게 칭찬해 주시니 기분이 참 좋네요. 조직에 업무적으로 보탬이 된다는 게 이런 기분이군요. 이제라도 회사에 필요한 사람이 되는 것을 목표로 삼아보면 어떨까 싶습니다. 차장이 되고 나서야 이런 목표를 세운다는 것이 부끄럽긴 하지만요."

"나 차장님께 변화가 생긴 것 같아 기쁩니다. 이렇게 시작하는 거죠. 우리의 원온원이 발전적으로 진행되는 것 같아 너무 좋습니다."

"그런데 회사에 필요한 사람이 어떻게 되는지 아직 잘 모르겠습니다. 사실 제가 머리 쓰는 일은 없었거든요. 그리고 새로운 업무를 스스로 정할 수 있는 포지션은 아니라, 일단 상무님께서 업무를 주시면 열심히 해보겠습니다."

"그럼 사내에서 한 달에 한 번 진행하는 런치 타임 토크쇼를 맡아보면 어떨까요?"

"그건 이미 담당 직원이 있고, 성장미 사원이 합류하지 않나요?"

"네. 그런데 하던 사람이 계속하니 아이디어가 제자리인 것 같아요. 한 업무를 계속하면 익숙해지고 전문가가 되기도 하지만, 런치 타임 토크쇼는 새로운 접근과 아이디어가 반영되면 다양성이 생기는 업무입니다. 나 차장님의 분석적인 면이 더해진다면 새로운 아이디어가 나올 것 같지 않나요?"

"뭐부터 시작해야 할까요?"

"일단 지금까지 했던 자료를 요청해서 봐야겠죠? 그리고 다른 기업에 비슷한 사례가 있는지, 최근에 떠오르는 기업 교육 주제를 살펴보세요. 매달 진행하니 날짜도 지정해 보고요. 계절이나 회사의 행사와 주제가 맞으면 좋겠네요. 토크쇼 진행상황은 매주 업무회의 때 보고해 주세요. 다음 원온원 때 뵐게요."

팀원의 그릿을 길러주는 법

• 도전적인 일을 부여하기

이전에 했던 과업과 연결성이 있고, 난이도 높은 일을 주는 것이 좋다. 약간의 난이도가 있는 일은 일하는 사람에게 도전하고자 하는 동기를 주고, 이는 그릿을 발휘하는 윤활유가 된다.[83] 도전하고 싶은 마음이 생길 수 있는 일, 조금만 더 힘내면 도달할 수 있는 수준의 업무를 부여한다.

• 작은 성취를 격려하기

하나의 업무에는 여러 개의 과업이 존재하는데, 과업 별 결과가 나타날 때마다 이를 인정하고, 성취를 인지하고 있음을 알려주는 리더의 행동이 필요하다. 성취감은 업무를 지속하게 만드는 힘이 된다. 이는 이미 뇌과학적으로도 증명이 된 부분이다. 작은 성취를 경험할 때 도파민이 분비되어, 사람은 그 일을 계속하고 싶어지는 동기를 얻게 된다.

나태한은 오늘 원온원을 통해 회사생활을 통틀어 처음으로 큰 성취감을 느꼈다. 임원들의 골프부킹과 대외 일정이 성사되어도 그의 기여를 알아주는 사람은 없었고, 수차례 일정이 바뀌어도 책임은 늘 그의 몫이었다. 그런데 원온원에서 한수정은 그의 일을 있는 그대로 알아봐 주었다. 그 말 한마디가 나태한에게는 오랜만에 느끼는 인정처럼 다가왔다. 한수정과 나눈 대화와 자신의 생각을 수첩에 간단히 적어두었다. 원온원 후 소감을 기록하라는 말이 떠올랐기 때문이다.

그릿한 경험을 맛보는 일,
난이도를 조금씩 올려서 연습하는 것

나태한이 퇴근해도 아진은 달려오지 않고, 하던 퍼즐에 몰두해 있을 때가 종종 있다. 하루 종일 스테인리스 캠핑 그릇만 가지고 논 적도 있고, 어느 날에는 색종이 100장을 하루에 모두 써버리기도 했다. 한때는 딱지치기 놀이에 빠졌다가 요즘은 실뜨기, 마술놀이에 몰두하고 있다. 나태한은 아진이 한 가지 놀이에 집착하는 모습이 가끔 걱정이 되었다.

하지만 차분의 시선은 달랐다. 회사를 그만둔 뒤 육아 서적을 읽으며 아이의 성장과 교육에 집중하던 그는 《그릿》[84]을 읽으며 아진의 특성을 확신하게 된다. 아진의 집요함은 노력과 성취를 이끄는 힘이다. 더구나 그릿은 부모와 교사가 길러줄 수 있는 특성이라는 점에서 더욱 마음이 끌렸다. 이후 차분은 아진의 그릿을 키우는 데

힘을 쏟기 시작했다.

아진은 여섯 살부터 태권도 학원에 다녔고, 최근에는 프로젝트 기반으로 운영되는 미술학원도 다니기 시작했다. 이곳에서는 매달 하나의 흥미로운 주제를 제시하고, 그와 연관된 작품을 4주에 걸쳐 완성하는 식으로 수업이 진행된다. 아이들은 한 달 동안 아이디어를 구체화하고, 재료를 탐색하고, 시행착오를 겪어 결과물을 만들어 낸다. 원장님은 아이들의 상상이 실제 작품으로 구현될 수 있도록 방법을 알려주고 중간중간 격려하며 방향을 잡아주는 역할을 한다. 아진을 데리러 갈 때마다 작품에 깊이 몰입하고 재미있어하는 모습을 본 차분은 문득 이런 환경이야 말로 아이의 그릿을 길러줄 수 있는 곳이라고 생각했다. 퇴근한 나태한에게 아들 아진이 미술학원에서 어떠한 시간을 보내고 있는지 차분히 전했다.

"아진이가 정말 재미있어하더라고. 한 달 동안 자기 힘으로 작품을 완성해서 가져오는 과정이 스스로 끝까지 해내는 경험을 쌓게 해 주는 거 같아. 이게 그릿 아닐까 생각해 봤어. 자기주도적으로 작품을 완성해서 가져오는 게 그릿한 경험을 맛보게 하는 일인 것 같아. 또 모르는 게 조금씩 생기니까 도전해 보려는 마음도 커지는 것 같고."

나태한은 그릿에 괜히 아는 척을 해본다.

"그릿 좋지. 아이 어른 할 것 없이 중요하다던데."

'끝까지 완성하는 경험을 여러 번 해 보는 게 중요해'라고 늘 이야기하던 아내의 말이 다름 아닌 아들 아진의 그릿을 키우기 위한 전

흥미가 있는 곳에서 자라는 그릿

흥미란 '관심을 두는 것'으로 정의할 수 있다. 그러나 그 관심은 경험을 해봐야 알 수 있다. 아이들에게 다양한 경험이 중요한 이유는 바로 흥미를 발견하기 위함이다. 보통 적성이라고 하면 '잘하는 것'을 떠올리지만, 교육학적 정의는 '연습으로 만들어진 소질적인 능력'을 말한다. 연습하지 않으면 발견되지 않는 것이란 의미이다. 흥미를 보이면 이를 중도에 포기하지 않고 계속된 연습을 하게 되며, 이를 통해 만들어 낸 능력이 바로 적성이란 것이다. 따라서 적성도 계속된 연습, 즉 그릿으로 키워진다고 볼 수 있다.

많은 그릿 연구자가 그릿을 발휘하기 위해서는 그 일을 좋아해야 한다고 주장한다.[85·86] 그러나 일에 대한 그릿은 일을 좋아하지 않아도 발휘해야 하는 상황들이 존재한다.[87] 그럼에도 워크그릿 또한 흥미가 있는 사람이 더 잘 발휘할 수 있고, 오래 유지할 수 있다.

략이었다는 것도 그제야 이해했다.

머칠 뒤 태권도 학원에 아진을 데리러 간 나태한은 줄넘기 이중뛰기 연습을 끊임없이 하는 아진의 모습을 보게 되었다. 번번이 실패했지만 멈추지 않는 아들을 보며 말했다.

"자꾸 넘어지는데 왜 그렇게 열심히 해? 자꾸 넘어지니까 아플 것 같은데."

"아빠, 나 이중뛰기 잘하고 싶어. 멋지잖아. 나 엑스자 뛰기, 번갈아 뛰기까지는 성공한 상태야. 사범님이 이제 나 이중뛰기 할 차례라고 하셨어. 나에게 딱 맞대."

줄넘기에도 단계가 있고, 한 단계를 넘기면 조금 더 어려운 다음 목표가 기다린다는 사실을 그제야 알았다. 실패해도 목표를 놓지 않는 아진의 모습은 분명 그릿이었다. 실패해도 이중뛰기 성공이라는 목표를 갖고 계속 노력하는 것. 올바른 방법으로 노력하면 아진은 결국 이중뛰기를 성공하고 2.5중 뛰기를 도전할 것이다. 나태한은 생각했다. 아진에게 사범님이 있듯, 자신에게는 한수정이 있는 게 아닐까. 그의 마음속에 그릿이 점점 스며들고 있다.

그릿이 발동되기까지는 많은 장애요인이 존재한다

'런치 타임 토크쇼라….'

나태한은 런치 타임 토크쇼 1년 치 기획안을 만들 생각을 하니 눈앞이 깜깜했다. 지난 원온원 때 자신을 칭찬하는 한수정의 달콤한 말에 취해 업무를 수락한 것을 후회했다. 나태한은 사실 런치 타임 토크쇼에 진지하게 참여해 본 적이 없었다. 점심시간에 진행하니 회사 근처 유명 브런치 맛집의 샌드위치와 생과일주스를 받으려고 참여한 게 전부였다.

이 업무는 피플팀의 동료가 맡던 일이었고, 지난 행사에서 운영지원을 했던 신입 성장미 사원이 담당할 거라 짐작하고 있었다. 젊은 사원들의 아이디어를 반영하기 위해 여러 팀이 6개월에서 1년 정도 돌아가며 맡는 업무였다. 전임자에게서 작년 자료를 받아보니 정리가 잘 된 인상은 받지 못했다. 그동안 런치 타임 토크쇼에서 점심을 해결했던 기억뿐, 교육 내용은 전혀 기억나지 않았다. 낯선 환경과 프로그램, 꽤 유명한 연사도 있었는데 말이다. 그제야 이 프로그램을 기획한 담당자들이 새삼 대단해 보였다. '샐러드는 점심이 아니다'라며 성의 없는 피드백을 했던 기억이 떠올라 괜히 미안해지는 동시에 걱정이 밀려왔다.

'나는 회사 주변 백반집밖에 모르는데, 이런 샌드위치 가게는 어떻게 찾지? 교육 내용도 기억 안 나고, 무슨 기준으로 새로운 프로그램을 짜야 하지….'

프로그램만 구성한다고 될 일이 아니다. 우리 직원들에게 맞는 프로그램이어야 하고, 내용과 예산, 일정에 맞춰 강사 섭외까지 해야 했다. 분석에 강한 나태한은 런치 타임 토크쇼가 자신의 업무가 되자 고려해야 할 요소가 끊임없이 떠올랐다. 우선 지난 강의평가를 모두 모아 살펴보는 것부터 시작했다. 같은 프로그램을 두고도 반응과 평가는 제각각 엇갈렸고, 의견도 다양했다.

한수정은 고민에 빠진 나태한에게 물었다.

"나 차장님, 토크쇼 준비 잘 되어가나요?"

"고려할 게 너무 많습니다. 하던 직원이 계속 맡는 게 낫지 않나 싶을 정도로요."

"성장미 사원은 이미 다른 업무를 맡고 있어요. 어려워 말고 저와 같이 해봅시다. 지금까지 파악한 내용 공유해 주세요."

나태한은 머뭇거리다 말했다.

"문서로 정리하진 않았지만, 직원들은 듣기만 하는 강의보다 직접 해보는 프로그램을 좋아하는 것 같았습니다. 감정오일 만들기나 퍼스널 컬러 진단처럼요. 다만 한 번으로 끝나 아쉽다는 평이 많았습니다. 그 프로그램을 다시 해보는 건 어떨까요?"

"좋은 생각이에요."

뜻밖의 긍정에 나태한은 잠시 진지해졌다. 한수정은 작년 프로그램이 왜 좋은 평가를 받았는지 더 분석해 보라고 조언 했다. 일이 커졌다는 생각도 들었지만, 동시에 새로운 기준으로 볼 수 있을 것 같았다. 나태한은 스프레드시트를 열고, 프로그램 평가를 하나씩 정리하기로 했다.

그릿의 시작

- 처음엔 서툴고 불안해도 일단 시작해야 한다.
- 잘하고 있는지 확신이 없어도, 방향을 잡아가며 반복해 본다.
- 시행착오가 생겨도, 멈추지 말고 계속 시도하는 자세를 가져야 한다.
- 가능하다면 피드백이나 격려를 해줄 사람을 곁에 두는 것이 좋다.
- 주변의 지지가 없더라도, 스스로 포기하지 않고 버티는 힘이 필요하다.

정성 들여 일을 하는 것은 워크그릿의 시작이다

나태한은 작년 런치 타임 토크쇼를 다시 분석해 보기로 했다. 자료를 찾아보니 일부는 기획안 원본이 남아 있지 않았고, 자세히 분석한 기록도 없었다.

'역시 회사 생활 얼마 안 해 본 직원들은 이게 문제야. 문서를 체계적으로 관리하고 한 곳에 모아두고 분석해야지. 이럴 때 엑셀을 사용하면 얼마나 좋아. 이건 역시 나만 할 수 있는 업무인가.'

기존 담당자들은 행사 후 만족도 평가는 했지만, 프로그램을 비교할 수 있는 자료가 없다는 것을 발견했다. 나태한은 사내 포털을 활용해 직원들의 의견을 재취합하고, 캔틴(canteen)*에서 직접 만나 이야기를 들었다. 흥미롭게도 행사 직후의 평가와 시간이 지난 뒤의 평가가 조금씩 달라 분석은 오히려 더 복잡해졌다.

나태한이 생각한 대로 직원들은 일방적인 교육보다는 활동이 포함된 프로그램을 선호했지만, 일부는 부담스럽다는 의견도 있었다. 다양한 의견을 모아보니, 20대 여성, 육아 중인 직원 등 대상자를 나눠 맞춤형 프로그램을 운영하는 방안도 떠올랐다. 토크쇼 참여를 독려하기 위한 잦은 공지 또한 부담스럽다는 것도 새롭게 알게 되었다.

나태한은 구성원 분석까지 범위를 넓혔다. 성비가 비슷하고 세대

---

*   주로 회사에서 직원들이 휴식을 취하는 공간을 뜻한다.

가 다양한 만큼 모든 직원을 위한 하나의 프로그램보다는 맞춤형 프로그램 구성이 더 적절해 보였다. 또한 매달 참여하는 방식 대신 두세 달에 한 번 참여할 수 있는 구조도 고려할 법했다. 자료를 정리하며 인사이트를 하나씩 발견할 때마다 나태한은 묘한 재미를 느꼈다.

주요 내용

회사 구성원 성비	남성 52 : 여성 48
세대 구성	- 20~50대까지 다양 - 20대가 늘어나는 추세이며, 40대가 가장 많음
인사이트	- 범용 프로그램보다 성별 혹은 세대별로 나눠서 기획 - 두세 달에 한 번씩 자유롭게 참여하는 구조 - 식사는 최대한 다양한 종류로 준비 - 강사 의전 필요

나태한은 사무실 이전 TF에서 일하며 업무의 재미와 몰입을 경험한 적이 있었다. 새로운 일을 맡아 파고들수록 그릿이 자연스럽게 발휘됐고, 지금 한수정이 맡긴 업무에서도 비슷한 감각이 되살아나고 있었다. 사실 나태한은 이미 워크그릿을 발휘해 본 사람이다. 다만 그동안의 업무에서는 그 사실을 일깨워 준 사람이 없었을 뿐이다. 이번 일 역시 우연히 맡게 되었지만, 어느새 그릿이 작동하고 있었다. 나태한은 이 변화의 배경에 한수정의 역할이 있음을 깨닫는다. 모든 상사가 직원의 성장을 고민하는 것은 아니기 때문이다.

직원의 그릿을 키우는 일은 많은 관심과 에너지를 요구한다. 상사의 입장에서도 굳이 원하지 않는 직원의 그릿을 키워주는 데 애쓰고 싶지 않을 것이다.

나태한은 한수정 같은 상사를 만나지 못했다면, 그릿을 발휘해 볼 기회가 없었을지도 모른다는 생각이 스쳤다.

"상무님, 다음 달 행사를 파일럿으로 진행하고 이후 1년 기획을 본격적으로 해보면 어떨까요?"

"좋은 생각이에요."

"우선 세대별로 프로그램을 나누고 싶습니다. 패턴을 보니 늘 참여하는 직원만 반복해서 오더라고요. 더 많은 직원이 경험할 수 있도록 2030, 3040, 50대 이상으로 세대를 구분해서 세 타임으로 구성해 볼까 합니다."

"한 시간 안에 가능할까요? 예산도 고려해야 하고요."

"제가 한번 해보겠습니다. 저만 믿고 맡겨주세요!"

"나 차장님. 그런데, 아… 아닙니다."

나태한은 어느새 열정적으로 일하고 있다. 이렇게 깊이 고민하며 일한 적이 있었나 싶을 정도다. 이번 기회를 통해 자신이 여전히 조직에 필요한 사람임을 증명하고 싶다. 또 기회를 준 한수정의 인정을 받고 싶다는 마음도 컸다. 한수정이 하려던 말이 무엇이었는지는 마음에 걸렸지만 곧 생각을 접고 런치 타임 토크쇼 설계에 집중했다. 마치 커다란 도화지를 받은 듯한 기분으로.

실패도 연습이다

나태한이 진행한 파일럿 프로그램은 기대와 달리 대참사로 끝났다. 세대별로 다른 요구에 집중한 나머지, 20분씩 세 개의 프로그램을 한 번에 구성한 것이 문제였다.

런치 타임 토크쇼 파일럿 프로그램 기획안

🕐 **12:00~12:20**

· 2030 직원 대상 '한 번 더' 아로마 감정오일 만들기

· 반응이 좋아 한 번 더 진행. 신규직원을 위한 활동 프로그램

🕐 **12:20~12:40**

· 3040 직원 대상 《예스의 가르침》 저자 초청 북토크

· 활동이 귀찮아지는 세대를 위한 힐링 프로그램

나태한은 모든 계획이 완벽하다고 생각했다. 심지어 한수정에게 는《예스의 가르침》강사를 어떻게 섭외했는지도 행사 이전까지 비 밀로 했다. 첫 런치 타임 토크쇼는 반드시 성공할 거라 확신했지만 결과는 정반대였다.

20분짜리 프로그램 세 개를 연속으로 구성하고, 쉬는 시간은 고작 1분. 강사에게는 19분의 강의를 요청했고, 앞 타임 교육생이 빠져나 가자마자 다음 팀이 들어오는 방식이었다. 참여자가 많지 않을 거라 생각했지만, 현실은 매우 혼잡했다. 감정오일 수업 중에는 이동하면 서 병을 떨어트리는 사고가 있었고, 식사도 제대로 못 한 채 자리를 옮기느라 직원들의 불만이 쌓였다. 강사들 역시 정신 없이 이동해야 했고, 의전도 엉망이었다.

특히 문제는《예스의 가르침》저자 강연이었다. 나태한의 지인이 라 강사료 없이 섭외했지만, 베스트셀러 작가라는 소문에 평소보다 많은 직원이 몰렸다. 그럼에도 나태한은 3040 대상 프로그램이라 며 나머지 세대 직원들에게 퇴장을 요청했다. 강연에는 질문이 쏟아 졌고 예정된 시간을 훌쩍 넘겼다. 결국 다음 프로그램은 점심시간이 지나서야 끝났다. 직원들의 불만이 여기저기서 터져나왔다. 행사 후 설문 평가는 더 냉혹했다.

나태한은 몇 개를 읽다 말고 창을 닫았다. 꼼꼼히 준비했다고 생각했는데 무엇이 잘못됐는지 알 수 없었다. 점심도 거른 채 진행했지만, 허기보다 허탈함과 속상함만 남았다. 그날 오후, 한수정이 다섯 번째 원온원을 요청했다.

"포그혼 프로젝트 들어본 적 있나요? 바닷물을 연료로 변환시키는 기술이 발표되면서 구글 X에서는 대단위로 연료를 만들어 볼 목적으로 이 프로젝트를 시작했지만 실패하고 말았죠."

"오늘 제 모습 같네요."

"실패한 프로젝트지만 결과 보고는 해야겠죠? 그 자리에서 해당 팀은 두둑한 보너스와 동료들의 기립박수를 받았어요."

"네? 보너스라니요. 책임자가 물러나야 하는 거 아닌가요?"

"당시 CEO였던 아스트로 텔러가 말했죠. 실패를 장려하는 게 아니라, 실패를 통한 학습을 장려한다고요. 저는 나 차장님에게 그러한 경험을 드리고 싶었어요. 오늘 너무 잘하시면 어쩌나 싶었답니다. 솔직히 나 차장님이 실패하기를 기다렸습니다."

한수정은 처음부터 우려가 없진 않았지만, 자율성을 먼저 주고 싶었다고 했다. 실패하더라도 그 안에서 배우고 다시 시도하길 바랐다는 것이다. 그리고 실패를 자산으로 삼는 조직이 되고 싶다고 덧붙였다. 그는 조직 심리학자 에이미 에드먼슨의 '심리적 안전감'을 설명하며, 솔직한 피드백이 개인에 대한 공격이 아니라 더 나은 결과를 위한 조건임을 강조했다.

"피드백을 개인에 대한 부정으로 받아들이지 않는 게 그릿입니다. 개선을 행동으로 옮기는 순간 이미 워크그릿이 발휘되고 있는 거예요."

행사 직후에는 화가 났지만, 질책 대신 원온원을 하면서 다시 한번 생각해 보게끔 유도하는 한수정에게 나태한은 감사함을 느꼈다. 실패를 발전의 재료로 바라보는 그의 태도가 낯설면서도 존경스러웠다.

심리적 안전감이 있는 조직에서 발현되는 그릿

조직에서 심리적 안전감이 확보되는 것은 매우 중요하다. 뇌과학적 측면에서도 편도체를 활성화시키는 불안감 대신 지지와 응원, 안전감을 제공하는 것이 중요하다.[88] 폭스바겐의 배기가스 배출량 조작 사건(디젤게이트)으로 당시 CEO는 자리에서 물러났다. 이후 직원들은 "폭스바겐에는 강력한 압박이 존재했다. 대표님은 존경의 대상이었지만, 두려움의 대상이었다. 좋지 않은 소식에는 큰 소리가 나거나 모욕당하는 일이 다반사였다"라고 증언하며 배기가스 배출량을 조작할 수밖에 없었던 이유는 공포정치로 직원들이 솔직한 피드백을 나누지 못했기 때문이라고 지적했다.
결국 워크그릿은 개인의 성향이지만, 발현 여부는 조직 환경에 달려 있다. 심리적 안전감이 없는 곳에서는 침묵과 회피가 생기지만, 심리적 안전감이 있는 곳에서는 질문과 도전이 가능해진다. 워크그릿은 바로 그 안전한 공간에서 자란다.[89]

그릿을 기르기에 늦은 시기란 없다

퇴근길에 나태한은 친구 금봉을 불러내 오늘 있었던 일을 속속들이 털어놓았다.

"태한아, 너 상무님 정말 잘 만났다. 그렇게 일을 망쳤는데도 괜찮다고 했다고? 보통이면 한 소리 들을 일인데."

"그러게. 실패할 수 있다는 말을 너무 교양 있게 하더라. 그래서 더 미안해졌어. 진짜 진성성이 느껴지더라고. 얼마 전까지만 해도 '저 사람이 또 나한테 뭘 시키려나' 싶었는데, 오늘은 나를 위해서 그러는 것 같더라고. 내가 지금까지 직장생활을 잘해온 건지 갑자기 헷갈리는 거야. 별생각 없이 살았는데, 미래를 생각하니까 가슴이 두근거려."

"가슴이 두근거려? 병원 가봐야 하는 거 아니야?"

"아니, 그 반대야. 그동안 새로운 업무를 맡으면 실패할까 봐 두려웠거든. 그런데 실수도 과정이라 하고, 하고 싶은 업무가 뭔지 고민해 보고, 앞으로 뭘 해보고 싶은지 계속 찾아보라는 사람이 있다는 게 활력이 돼."

"야, 그럴 때 잘해봐. 차장에서 부장 가야지."

웃고 헤어졌지만, 회사를 정리해야 하는 금봉에게 괜한 이야기를 한 것 같아 집에서도 내내 마음이 쓰였다.

"당신 무슨 일 있어?"

"오늘 큰 행사가 있었는데 내가 망쳤거든. 그런데 상사한테 격려

워크그릿을 시작하는 나이

조직에서 일하는 직장인이나 새로운 일을 시작하려는 사람 모두에게 도전하기 늦은 시점은 없다. 포기하지 않으면 자신의 경력목표에 다가설 수 있다. 그릿을 키우고, 발휘하는 데 늦은 나이란 없다.

야구선수 이종범은 40대에 스윙을 바꾼 일화로 유명하다. 느려진 방망이 스피드를 보완해 변화구에 대처하고자 변경했지만, 스윙을 바꾸면 근육 쓰임이 달라져 수십만 번의 반복이 필요하다. 그는 실제로 수십만 번의 스윙을 반복하며 새로운 폼을 몸에 익혔고, 성과를 끌어올렸다.[90] 연습을 쌓아갈수록 무엇이 올바른 방향인지 깨닫게 되는데, 이를 '의도적인 연습'이라 부른다. 이는 그릿을 성과로 연결하는 중요한 포인트다.

태블릿 pc 드로잉 작가 여유재순 씨는 1934년생으로 90대다.[91] 2026년 3월 기준 9만 명이 넘는 인스타그램 팔로워를 보유하고 있으며, 1000점 이상의 태블릿 드로잉 작품을 발표했다. 노년의 나이에 컴퓨터와 스마트폰 사용법을 익히고, 유튜브, 구글을 통해 그림을 배웠다. 그림을 공개하자 응원과 공감의 반응이 이어졌고, 그는 그림을 통해 삶의 의미를 다시 느끼게 되었다. "포기하면 끝나는데 포기 안하고 출발하고, 또 출발하면 이뤄져요"라면서 말이다.

를 받았어. 그러니까 이상하게도 다음엔 더 잘하고 싶어지더라. 억지로 하는 게 아니라 마음에서 우러나오는 것 같아."

"요즘 자꾸 멋진 이야기를 하네, 당신."

차분도 자신의 이야기를 꺼낸다. 지부장이 되고 싶다는 목표, 힘들지만 다시 일할 수 있어 생긴 활력, 가족을 대하는 마음의 변화까지.

나태한은 한수정이 주니어 시절 임원이 되는 걸 목표로 삼았다는 말을 떠올린다.

"당신도 할 수 있을 거야."

이 말은 아내를 향한 응원이자 스스로에게 건네는 말이었다. 누구의 영향인지 단정할 수는 없었다. 상사의 진심, 아내의 변화, 아니면 때가 된 것인지. 다만 분명한 건 하나였다. 나태한은 지금, 자신의 그릿이 깨어나고 있음을 강하게 느꼈다.

주어진 상황을 긍정적으로 해석하다

런치 타임 토크쇼를 실패로 마친 나태한은 위기의식과 희망을 동시에 느꼈다. 아무 생각 없이 출퇴근만 반복하던 그에게 한수정은 귀찮은 상사였다. 하지만 몇 번의 원온원과 친구 금봉의 희망퇴직 신청 소식, 아내의 재취업 등의 사건들로 작은 욕망이 꿈틀댔다. 이대로는 안 되겠다는 불안과 함께 나태한은 조용히 메모장에 몇 줄 적어내렸다.

'무엇부터 잘못된 걸까?'

'사람들의 니즈에는 크게 차이가 있었다.'

'난 그 니즈를 파악한 교육 프로그램을 구성했다'.

'직원들이 원하는 건 구체적으로 무엇이었을까?'

'프로그램이 마음에 안 들었던가?'

'내가 하는 업무는 다 마음에 안 드는 걸까?'

'내가 바로 한 상무가 강조하는 그릿이 부족한 사람인가?'

'나도 금봉처럼 언젠가는 퇴직을 권유받지 않을까?'

'당장 직원들 얼굴을 어떻게 볼 것인가?'

'회사에서 포지션을 어떻게 정해야 하지?'

다음 날, 나태한은 전날 끄적인 메모를 보고 부끄러움을 느껴 찢어버렸다.

'모두를 만족시킬 수 있는 교육 과정은 없다.'

'아무리 후배라고 해도 이전까지 담당했던 직원에게 업무 내용을 깊이 있게 확인해야 했다.'

'한 상무님께 적극적으로 피드백을 요청해야 했다.'

'더 다양한 프로그램 조사가 필요했다.'

'자료 조사가 미흡했던 이유를 찾아보자.'

'이 업무가 처음부터 마음에 들지 않았다.'

'후배의 업무를 떠안는다는 생각에 자존심이 상했다.'

'이전 프로그램과는 차별화되는 더 나은 프로그램을 만들어 좋은 피드백을 받고 싶었다.'

'욕심이 너무 앞섰다.'

'내 생각이 짧았다. 다시 시작해 보자.'

나태한은 지난 일을 돌아보며, 그릿을 발휘하기로 마음먹었다. 한수정의 '나태한 그릿 만들기' 프로젝트가 제대로 작동하고 있다는 신호다. 과거의 나태한이라면 전날 적어둔 메모를 읽으며 자신의 부족함만 확인했을 것이다. 하지만 나태한은 메모를 찢어버리고 새로운 다짐을 적었다. 실패에서 배울 점을 찾고, 경험을 자산으로 삼으려는 태도가 생겼다. 한수정에게 도움을 청하는 동시에 전임자 이로운 사원과 운영을 도왔던 성장미를 불러 '런치 타임 토크쇼 피드백 파티'를 열자고 제안했다.

"늦기 전에 해당 업무에 경험이 있는 분들과 이야기를 해보고 싶었습니다. 저는 꼼꼼히 분석하는 것에 자신감이 있어요. 그래서 탄탄히 준비했다고 생각했는데, 실행은 또 다른 문제더군요. 저는 여러 사람을 만족시키려 기회를 만든 건데 좋은 결과로 이어지지 못했습니다."

한수정은 나태한이 모두를 만족시키려 했던 시도 자체를 의미 있는 출발로 평가했다. 이어 교수설계와 관련된 에디(ADDIE) 기법으로 조언을 건넸다.[92] 첫 번째 단계는 분석(analysis), 즉 나태한이 캔틴에서 동료들에게 어떤 프로그램을 원하는지 물어본 것이 해당된다. 학습자의 학습요구를 분석하거나 학습자 자체에 관한 분석, 학습환경이나 학습과제를 분석하는 것도 포함된다. 다음으로는 설계(design)다. 어떤 식으로 프로그램을 진행할 것인지 아웃라인을 만들어 보는 단계로, 학습목표나 프로그램을 구조화하고 계열화하는 것이 포함된다. 세 번째는 개발(develop)로 실제 교육에 사용될 강의안이나 기타

교육 자료를 개발하는 단계다. 네 번째는 실행(implement)이다. 나태한이 런치 타임 토크쇼를 실행했듯, 실제 프로그램을 진행한 것을 의미한다. 마지막은 평가(evaluation)다. 직원들의 피드백은 물론 개선을 위한 논의 자리를 말한다.

나태한은 어느 정도 흐름을 따라 수행한 것이다. 한수정은 나태한에게 다음 교육에서 이번 업무를 수행하면서 배운 점, 부족한 점 등을 반영하면 더 나아질 것이라는 점을 강조했다. 한수정의 설명을 들으며 성장미도 경험을 보탰다.

"한 번에 너무 많은 걸 하기보다는 한 가지를 제대로 하는 게 낫더라고요. 예를 들어 교육생 이동에는 충분한 시간이 꼭 필요하다고 생각합니다. 교육생이 피로감을 느끼면 안 되거든요. 저도 처음엔 몰랐는데 몇 번 해보니 교육생 입장을 알게 되었어요."

이로운은 나이대별로 다른 프로그램을 제공하겠다는 시도가 새로웠다고 하면서도, 다양한 강의를 준비하기보다 한 주제를 깊게 다뤄보는 방향을 제안했다.

피드백은 솔직했지만 공격적이지 않았다. 모두가 개선을 전제로 이야기했고, 나태한은 그 진정성에 놀랐다. 또 자신들의 노하우를 아낌없이 전해주는 후배들에게도 고마움을 느꼈다. 그동안 후배들을 피해야 할 존재로만 여겨왔다는 사실을 떠올리며 자신의 편견을 자각했다. 이 자리가 바로 '심리적으로 안전한 조직'의 모습이라는 생각이 들었다. 이때 한수정이 나태한에게 의견을 물었다.

"행사를 마치고 어떤 생각이 들었나요?"

나태한은 행사 전 동료들에게 더 많이 묻지 못한 후회, 자신감 있는 척 밀어 붙였던 판단, 방법에 대한 지식 부족 등을 솔직히 이야기했다.

"이 시간 이후, 더 적극적으로 배우겠습니다. 그리고 상무님, 앞으로 교육과 관련한 지식은 상무님께 도움을 구하겠습니다."

한수정은 일을 배울 때 KSA를 먼저 살펴보라고 조언했다. KSA는 지식(knowledge), 기술(skill), 태도(attitude)다. 한수정은 오늘 이 자리가 나태한뿐만 아니라 성장미나 이로운처럼 연차가 적은 사원에게도 배움의 기회가 되기를 바랐다. '피드백 파티'를 마무리하며 한수정은 나태한을 따로 불렀다.

"나 차장님. 오늘 다양한 피드백에 생산적으로 반응하는 모습이 인상 깊었습니다. 그릇이 자라고 있는 모습이었어요. 아니, 원래 있었는데 이제 드러난 거죠."

그 말에 나태한은 한껏 웃으며 어떤 책부터 보면 좋겠냐고 물었다. 한수정은 대학 교재처럼 딱딱해 보이는《교육학개론》과《교수설계법》을 건네며 여러 조언을 덧붙였다. 참 재미없어 보이는 책에도 나태한은 당장 첫 페이지를 넘기고 싶은 생각이 들었다.

긍정적인 사고의 중요성

동일한 상황에서도 그것을 어떻게 해석하느냐에 따라 이후의 행동과 성과는 크게 달라진다. 원하는 결과가 즉시 나타나지 않더라도 중단하기보다는 그 경험이 제공하는 학습 요소와 개선 가능성을 탐색하는 태도가 중요하다. 경험을 의미화하고 다음 행동으로 연결하는 능력이 워크그릿을 지속시키는 핵심 요인이다.

- 업무수행 시 발생하는 사건을 학습과 성장의 관점에서 재해석하기.
- 새롭게 주어지는 과업을 부담이 아닌 역량 확장의 기회로 인식하기.
- 수행 과정에서의 어려움과 실패를 학습과 개선 포인트를 제공하는 피드백으로 전환하기.

성공경험을 쌓아가다

런치 타임 토크쇼에서 큰 깨달음을 얻은 나태한은 다음 행사를 준비했다. 예전처럼 이것저것 기웃거리지 않고, 진행 흐름에 따라 자신이 챙겨야 할 일을 정리해 나갔다. 어려움이 생길 때마다 해결책을 고민했고, 그 결과 두 번째 토크쇼는 좋은 반응을 얻었다.

두 번째 런치 타임 토크쇼 후 한수정과 나태한은 정기 원온원을 위해 회사 1층 카페에 마주 앉았다.

"나 차장님, 이번 토크쇼 매우 좋았어요. 가장 큰 성공요인이 뭐라고 생각하세요?"

"복합적으로 작용한 것 같은데요. 상무님께 피드백을 받은 내용을 성실히 반영하려고 노력해 봤습니다. 교육설계 기본에 대해서 상무님께서 주신 책도 많이 참고했습니다."

또 성장미와 이로운에게 들은 현장 노하우를 참고했더니 준비과정도 훨씬 수월해졌다는 이야기도 덧붙였다. 그 답변을 들은 한수정은 원온원 주기를 2주일로 늘리자고 제안했다.

"상무님께 피드백을 자주 듣다 보니 제 성과가 상승세를 타고 있는 것 같은데요. 혹시… 저를 포기하시는 건가요?"

"아니요. 이제 나 차장님의 워크그릿이 단단해졌으니 저의 역할을 줄이려고 해요. 실패를 발판 삼아 더 탄탄하게 준비하셨잖아요. 그릿이 본격적으로 발휘되고 있는 것 같아요."

한수정은 워크그릿 진단지를 다시 건네며 다음 원온원에서 결과를 함께 보자고 말했다. 나태한은 처음으로 인정받고 있다는 감정을 느꼈다. 그동안 스스로 외톨이라 여겼지만 원온원을 통해 잠들어 있던 힘을 발견하고 있었다. 작은 성공을 경험하자 그는 '조직에 필요한 사람이 되겠다'는 목표를 세웠고, 언젠가는 한수정처럼 누군가에게 영향을 주는 사람이 되고 싶다고 생각했다.

그날 저녁, 퇴근한 나태한에게 아진이 뛰어오며 반겼다.

"아빠, 나 오늘 이중뛰기 성공했어."

"정말? 아진아, 그거 네가 엄청 해내고 싶어서 연습했던 거잖아! 장하다 우리 아진이."

두 번째 런치 타임 토크쇼의 성공은 나태한의 워크그릿에 좋은 자양분이 되었다. 그는 자신을 기다려 주고 기회를 준 한수정에게 깊은 고마움을 느꼈다. 그리고 깨달았다. 그릿을 발휘하는 일은 조직을 위한 선택이면서, 동시에 자신의 커리어를 찾아가고 삶을 단단하게 다져가는 일이기도 하다는 것을.[93]

성공을 경험하기

일에 대한 상위목표를 달성하기 위해서는 작은 성공경험을 쌓아가는 과정이 중요하다.[94·95] 인간은 성취감을 느낄 때 뇌에서 도파민이 분비되고, 이로 인해 행복을 경험한다. 그래서 도파민을 '행복 호르몬'이라고도 한다. 도파민은 습관과도 관련이 있는데, 작은 성취를 반복적으로 경험하면 도파민이 분비되어 그 행동을 계속하게끔 한다. 이렇게 축적된 경험은 결국 그 행동을 습관으로 만든다.[96]

이러한 성취 경험은 긍정적인 정서를 만들고, 다음 목표에 도전하려는 에너지를 키운다. 여기에 성찰이 더해질 때 성장은 한 단계 더 깊어진다. 무엇이 잘 작동했는지, 무엇을 조정하면 더 나아질 수 있는지를 돌아보고 다음 시도에 반영할 때, 작은 성취는 단순한 만족을 넘어 의미 있는 성장의 발판이 된다.

2장

워크그릿 성장의 비결은
재능 더하기 노력

누구나 일의 의미를 찾지 못했던 시절이 있다

한수정은 24년 차 HR 전문가다. 외국계 회사의 HR 부서를 두루 경험하고 TND코리아에 경력직 임원으로 입사했다. 그는 입사와 동시에 전 직원의 그릿을 길러주는 것을 목표로 삼았다. 다양한 경험과 성공한 사람들의 이야기를 통해 워크그릿이 개인과 조직의 성장을 좌우한다는 사실을 누구보다 잘 알고 있었기 때문이다.

한수정이 처음부터 그릿의 가치를 알고 있었던 것은 아니다. 1990년대, 대학 졸업 후 우연히 외국계 기업에서 독일인 사장 비서로 사회생활을 시작했다. 외국어 실력은 부족했지만, 당시 외국어 능력이 탁월한 사람이 별로 없던 환경 덕분에 기회를 얻을 수 있었다. 직원 130명 중 여성은 고작 여섯뿐이었고, 결혼과 동시에 퇴사하는 것이 당연하게 여겨지던 시절이었다. 회사는 여성을 오래 함께 성장시킬 생각이 없었고, 그 역시 결혼 전까지만 일할 계획이었다. 한수정은 주요 업무에서 배제된 채 잡무만을 맡았고, 스스로도 일에 깊이 몰입하지 못한 채 직장 생활을 이어갔다.

어느 날 김 부장이 말했다.

"미스 한. 이 문서 번역 좀 해줄래요?"

"네? 번역이요? 제가요?"

한수정은 독일인 사장의 비서다. 김 부장의 비서도 아닌데 왜 자신에게 번역을 맡기는지 이해되지 않았다. 형식상 기획팀 소속이었기에 김 부장과 한수정은 팀장과 팀원의 관계였다. 문서를 받아 돌아오는 길에 슬쩍 넘겨보니 모르는 단어가 많았다. 작은 영어사전밖에 없던 한수정은 다음 날 큰 사전을 가져와야겠다고 생각했지만 이내 잊어버렸다.

그런데도 김 부장은 아무 말도 하지 않았다. 번역을 했는지 묻지도, 재촉도 않지 않았다. 결국 한수정은 아무 일도 없었던 것처럼 이 업무를 넘겼고, 속으로 안도했다. 그러나 시간이 지나며 이 일은 다른 의미로 남았다. 김 부장은 어쩌면 한수정의 업무 태도를 보고 있었던 것은 아닐까. 그릿이라는 개념을 몰랐더라도, 일의 지속성과 책임감을 시험했을지 모른다. 이후 김 부장은 한수정에게 더 이상 일을 맡기지 않았다. 회사생활이 편해졌지만, 그만큼 발전도, 성장도 멈췄다.

하지만 한수정의 태도는 독일인 사장 앞에서는 달랐다.

워크그릿에 장애물이 되는 요인

• 사회적 요인
주변의 반대, 격려와 공감의 부재, 성장을 지지하지 않는 조직문화, 상사나 동료와의 관계에서 오는 갈등

• 물적 요인
예산 부족, 매뉴얼의 부재, 법적 근거 미흡, 조직 내 제도 미비

• 심리적 요인
부정적 정서, 실패에 대한 두려움, 무기력, 동기 결여, 소진, 낮은 자기효능감, 과도한 스트레스

"Hello, Miss Han! Could you translate this?"

"Sure!"

알겠다는 대답이 스스로도 놀라울 만큼 자연스럽게 나왔다. 얼마 전 김 부장이 같은 요청을 했을 때는 무시했고, 그것이 현명한 직장생활이라 여겼다. 하지만 사장님의 요청은 꼭 해야겠다는 마음이 들었다. 왜 이런 마음이 들었을까 생각해 보면, 두 사람 모두 상사였지만 한수정을 대하는 태도는 전혀 같지 않았다. 독일인 사장님은 한수정의 영어 실력이 부족하다는 것을 알면서도 성장 가능성을 믿어

조직 내 방해요인 해결 방법

• **사회적 요인 - 목표와 지지의 가시화**
- 구성원 간의 목표를 공유하고 상호 지지하는 대화 구조를 마련한다.
- 워크그릿의 의미와 필요성에 대한 공감대를 조직 차원에서 형성하고, 서로의 성장
  을 응원하는 문화가 정착되도록 한다.

• **구조적 요인 - 제도와 시스템 정비**
- 워크그릿 실천을 뒷받침할 수 있도록 제도, 프로세스, 자원을 정비한다.
- 목표 설정, 성찰, 실천을 지원하는 교육과 코칭 프로그램을 제공하고, 혁신 시도에
  대한 심리적, 제도적 보호 장치를 마련한다.

• **심리적 요인 - 코칭과 회복 지원**
-개인의 두려움, 동기 저하, 소진 상태를 코칭을 통해 점검하고 재설정한다.
-목표 재정렬, 방향 점검, 실행 계획 수립을 통해 자기효능감을 회복하도록 지원한다.

주었다. 통번역을 맡기고 매일 아침 원어민 수업까지 마련해 주었다. 힘들고 부담스러웠지만, 사장님의 믿음을 알았기에 그 요청을 외면하고 싶지 않았다. 시간이 지난 지금 돌아보면, 자신의 외국어 역량은 그 시절 사장님의 투자 덕분이었다.

반면 김 부장은 달랐다. MBA 출신이라는 이유로 권위를 앞세웠고, 직원들을 그다지 신뢰하지 않았다. 한수정 역시 그 태도를 받아들이지 않았다. 두 사람 사이의 불편한 긴장은 한수정이 퇴사할 때

까지 이어졌다. 사람의 태도가 일을 대하는 마음을 바꾼다는 사실을, 한수정은 그 시절에 처음 배웠다.

전문성을 쌓으면 워크그릿도 쌓인다

대학 시절 영어교육을 전공한 한수정은 독일인 사장과의 대화 속에서 우연히 'HRD'라는 단어를 접했다. human resources development, 한국어로 인적자원개발이라고 번역하는 기업 내 인사교육 업무를 이야기하는 것 같았지만 정확한 의미는 알 수 없었다. 당시 회사는 인력이 부족해 부서 간의 경계가 느슨했고, 기획팀 소속이던 한수정도 인사팀의 신입사원 채용을 돕게 되었다. 그 과정에서 사장이 영어로 설명하던 HR의 역할에 관심이 가기 시작했다.

결혼을 앞두었기에 새로운 진로를 고민했다. 지금까지 해온 일을 계속 이어갈지, 아예 다른 분야에 도전할지 갈림길 앞에 서 있었다. 대학원 진학부터 이직까지 여러 가능성을 마음속에 그려보았다. 교육 관련 대학원 전공을 찾아보던 중 'HRD', 인적자원개발이라는 단어가 다시 눈에 들어왔다. 독일인 사장님이 이야기하고 강조하던 바로 그 분야, 한수정은 운명이라는 생각이 들었다.

대학원 입학 정보가 많지 않던 시절, 그는 직접 학교를 찾아가 준비 과정을 묻고, 교수들이 집필한 개론서를 사서 읽기 시작했다. 영어 성적을 바탕으로 석사과정에 무난히 합격했고, 그렇게 HRD를 전공하게 되었다. 기업의 인사 및 교육 담당자들과 함께 공부하며 HRD의 매력에 빠졌다.

대학원 첫 학기는 회사생활과 병행했다. 사장님의 배려로 주 2회 수업이 있는 날에는 일찍 퇴근할 수 있었고, 그러다가 적당한 시기에 퇴사하려고 마음먹었다. 그러나 한 학기를 마칠 즈음 1997년 IMF 외환 위기가 터졌다. 한국뿐 아니라 아시아 전반이 금융 위기를 크게 겪었고, 그 여파는 한국 사회를 순식간에 뒤흔들었다. 기업의 줄도산, 대량 실직에 국민들은 속수무책이었고 정리해고와 명예퇴직이 일상이 되었다. 한수정과 결혼을 약속한 남자친구 역시 정리해고 대상자가 되었다. 결혼과 함께 퇴사하려던 한수정의 계획은 물거품이 되었고, 생활 전선에 함께 뛰어들어야 했다. 그 선택이 20년이 넘는 직장생활로 이어질 줄은 당시에는 알지 못했다.

그러다 회사 사정상 학업과 일을 병행하기 어려워진 한수정은 결국 퇴사하고 풀타임 대학원 생활을 선택했다. 교육프로그램 개발, 인적자원개발론, 성인교육, 교수설계의 원리와 실제, 경력개발, 기업교육평가, 액션러닝, 코칭, 조직개발론, 글로벌HRD사례 등의 수업을 들으며 자신의 진로에 대해 본격적으로 고민하기 시작했다. 함께 공부하던 동기들 대부분이 HR 분야의 실무자였고, 그들의 이야기를 들으며 자신이 HR 업무에 잘 맞을지도 모른다고 생각하게 되었다. 동시에 취업과 박사과정 사이에서 갈등을 이어갔다.

그러던 중 대학원 동기를 통해 한국에 막 진출한 글로벌 패션 브랜드의 HR 부서 채용 소식을 접했다. 추천을 받은 한수정은 신입으로 입사해 처음으로 HR 현장에 발을 들였다. 규모는 작았지만 세계적인 브랜드의 국내 출발점이 될 수 있는 그 자리에서, 한수정은 새로운 커리어에 첫 발을 내디뎠다.

한수정은 처음 써본 영문 이력서를 들고 면접장에 들어섰다. 담당자 박 팀장은 환한 미소로 인사를 건넸다. 면접이라기보다 대화에 가까웠는데, 이전 직장에서의 경험, 대학원에 진학한 이유, HRD에 대한 관심을 묻는 질문과 대답이 오갔다. 평가보다는 함께 일할수 있는 사람인지 살피는 태도에 한수정은 처음으로 HR 담당자의 역할이 사람의 마음을 얻는 일이라는 것을 실감했다. 면접을 마치며 박 팀장은 함께 일해보고 싶다고 말했다. 규모가 작다는 이유로 망설일 필요는 없었다. 적은 인원이 똘똘 뭉쳐 모든 일을 함께 만들어가는 조직이었다. 한수정은 그곳에서 더 많이 배우고 성장할 수 있겠다는 확신이 들었다.

한수정은 입사를 결정했고, 3년이 지난 즈음 면접장에서 처음 봤던 박 팀장은 임원이 되었다. 그 과정을 가까이에서 지켜본 한수정은 성실함만으로는 채울 수 없는 명확한 목표를 세우고 어려움을 계획적으로 넘어서는 사람이 성장한다는 것을 배웠다. 자신도 언젠가는 C레벨*자리에 서고 싶다는 목표가 생겼다. 지금 돌아보면 한수정의 워크그릿은 바로 그 시점에서 시작되었다. 어떤 목표를 품게 되는지는 어떤 사람을 만나고, 어떤 방법을 따를지에 따라 달라지기도 하는데 박 팀장은 그 기준이 되는 사람이었다.

입사한 지 4년이 지나자, 일에 재미가 확실하게 붙기 시작했고, 조직을 이끄는 자리에 서고 싶다는 분명한 의지가 계속 이어져 자연스럽게 커리어에 대한 욕심도 커졌다. 그렇게 그는 10년이 흘러 대학원 동기의 소개로 우연히 입사하게 된 외국계 회사에서 HR 실무와

---

*　C레벨(Chief-level)은 조직의 특정 직무별 임원을 의미한다. CEO(chief executive officer, 최고 경영자), CPO(chief people officer, 최고 인재책임자), CHO(Chief Human-resource officer, 최고 인사책임자), CFO(Chief finance officer, 최고 재무관리자) 등이 있다.

나의 목표 작성하기

나의 경력목표: ____

나의 목표는 현재 소속된 조직 내에서 이룰 수 있는 목표에 국한되지 않는다. 조직 내에서는 이룰 수 없더라도, 경력을 계속 쌓아 이루고 싶은 목표를 세워보자.

(예. 임원되기, 경제적 자유, 조직에서 성과로 인정받기, 80세까지 일하기, 전문성으로 영향력 발휘하기 등)

해당 목표를 달성하기 위해 해야 할 행동 5가지는 무엇인가?

(예. 승진 누락되지 않기, 1년·3년 단위 목표 세우기, 교수법 배우기, 건강 관리하기 등)

1.

2.

3.

4.

5.

해당 목표 달성을 위해 필요한 조력자 5명과 그들에게 받을 수 있는 도움은 무엇인가?

1.

2.

3.

4.

5.

이론을 겸비한 전문가로 성장했다.

하지만 시간이 흐르며 조직은 점점 편안해졌다. 시스템이 자리 잡을수록 일은 수월해졌고, 새로움은 사라졌다. 사람들은 잘 떠나지 않았고, 그래서 자리는 좀처럼 비워지지 않았다. 이곳에서 C레벨에 오르려면 최소 60세는 되어야 가능해 보였다. 부장으로 재직 중이던 한수정은 결국 이직을 결심했다. 주변에서는 지금이 편하다며 만류했지만 그는 이미 완성된 조직이 아니라 새로 만들어 가는 환경에서 자신의 역량을 시험해 보고 싶었다.

이직한 새 회사는 해외 명품 브랜드의 한국 론칭 초기 조직이었다. 한수정은 이곳에서 채용과 기본 인사 제도 구축에 깊이 관여하며 조직의 틀을 만들었다. 하지만 조직이 어느 정도 자리를 잡자, 한수정이 시도하려던 조직문화 개선과 HR 기획은 상사의 반대로 번번이 무산되었다.

"전무님. 전 직장에서 조직문화 개선을 위해 여러 캠페인을 진행했었습니다. 예를 들면 칭찬 릴레이나, 한 달에 한 번 드레스 코드를 정해서 워크숍을 하는 등의 방식이에요. 소속감을 느낄 수 있도록 돕는 프로그램이었는데, 저희도 한번 시도해 보면 어떨까요?"

"그런 게 왜 필요하죠?"

"조직 규모가 커지면서 직원 수도 많이 늘었잖아요. 서로 잘 알지 못하다 보니 협업에도 어려움이 생길 수 있습니다. 직원들이 서로를 알아가는 시간이 필요해 보여 기획해 봤습니다."

"일도 많은데 직원들이 귀찮아할 거예요. 비용도 들고요. 굳이 해야 하는지 의문이 드네요."

의미 있는 변화를 만들어보고자 했던 한수정은 더 이상 이 조직에서 자신의 꿈을 펼칠 수 없다고 판단했고, 결국 퇴사를 선택했다. 그 일을 겪은 후, 연봉이나 안정만으로는 직장생활에 만족할 수 없다는 사실을 깨달았다. 실행되지 못한 수많은 기획과 반복된 좌절은 고통스러웠지만, 지금 돌아보면 그 시기는 가장 많은 학습이 이루어진 시간이었다. 실행하지 못한 대신, 더 많이 상상했고, 더 깊이 고민했다. 그때 그려두었던 기획은 이후 커리어의 자산이 되었다.

한수정은 수많은 반대와 무시를 견디며 자신의 길을 걸어왔다. 경력 목표가 분명한 사람은 쉽게 꺾이지 않는다. 또 워크그릿을 지닌 사람은 결국 자신의 목표를 향해 끝까지 나아간다. 지금의 한수정과 남편은 그 시절을 소중한 기억으로 회상한다.

"그때의 경험이 있어서 지금 당신 목표대로 임원이 된 거야. 그 어려움이 없었다면 지금의 당신은 없었을 것 같은데? 기획력이나 추진력이나. 동료들 생각하는 마음도 그렇고."

남편의 말처럼 그 어려움이 있었기에 지금의 한수정이 있다. 실패와 좌절의 경험은 그릿을 더 단단하게 만들었고, 결국 그를 C레벨의 자리까지 이끌었다.

한 회사를 오래 다니는 것만이 워크그릿일까?

워크그릿은 어떤 상황에서도 무조건 버티는 힘이 아니다. 견디기 힘든 조직에서 '나는 그릿이 있으니까 버텨내는 것'을 그릿으로 착각해서는 안 된다. 워크그릿은 목표를 이루기 위한 최선의 방법을 끝까지 탐색하는 것에서 나온다. 때로는 자신에게 적합한 조직과 더 나은 일을 향해 도전하는 선택이 필요하다. 즉 워크그릿은 한 조직에 머무는 힘이 아니라, 자신의 직업적 목표를 향해 방향을 잃지 않는 지속성이다. 조직은 바뀔 수 있지만, 자신이 이루고자 하는 일의 방향은 흔들리지 않아야 한다. 그 방향을 붙잡고 움직이는 힘, 그것이 워크그릿이다.

워크그릿이 높으면 행복감이 올라간다

한수정은 두 아이를 둔 워킹맘이다. 큰아이 성원이 초등학생이던 시절, 담임 선생님과 한 상담에서 아이가 쓴 글을 보게 되었다.

우리 엄마를 칭찬합니다.

1. 항상 친절하게 대해 주신다.

2. 항상 부지런하시다.

3. 책을 많이 읽으신다.

함께하는 시간이 많지 않은 워킹맘이었지만, 아이는 자신을 늘 친절한 엄마로 기억하고 있었다. 부지런함과 독서 역시 타고난 성향이 아니라, 직장에서 살아남기 위해 선택한 삶의 방식이었는데 아이의 눈에 그것이 존중받을 만한 모습으로 남아 있었다니, 글을 읽는 순간 눈물이 날 것 같았다.

"성원 어머니, 어머니 열심히 일하시는 거 성원이가 다 알고 있네요. 뿌듯하시겠어요."

돌이켜 보면 그 행동 모두 목표를 향한 그릿의 결과였다. 출퇴근 길이 멀어 하루를 서둘러 시작했고, 야근에 대비해 아이의 식사를 미리 준비했다. 불평 대신 시간을 효율적으로 쓰려 애썼고, HR 전문가로 성장하기 위해 사람과 조직에 관한 책을 가리지 않고 읽었다. 일과 삶의 모든 시간이 목표를 향한 노력이었다.

이제 큰아이 성원은 대학생이 되었다. 한수정은 자신의 일에 최선을 다하느라 아이를 잘 돌보지 못한 것 같아 미안한 마음을 품고 있다. 그럼에도 워킹맘 직원들에게 자주 이야기해 준다. 엄마가 자기 삶에 그릿을 갖추고 살면, 아이가 보고 배운다고. 그 모습이 아이에게 그대로 전해진다고.

워크그릿은 꼭 업무나 성과만을 위한 것은 아니다. 삶의 만족감을 높이고, 그 에너지는 가정에서도 긍정적으로 발휘된다. 한수정의 삶은 바로 그것을 증명한다.

워크그릿의 가장 큰 수혜자

그릿이 행복감,[99] 삶의 만족도,[100] 정신적 안녕감[101]에 긍정적인 영향을 준다는 사실은 이미 여러 연구를 통해 확인되었다. 그럼에도 그릿을 갖추고 일하는 태도는 때로 개인의 희생을 전제로 조직을 위해 헌신하라는 의미로 오해되기도 한다. 어려워서 하기 싫은 일을 참으며 하고, 쉽게 풀리지 않는 문제를 끝까지 붙들고, 다양한 방법을 시도해 과업을 완수하는 태도가 조직에 도움이 된다고 강조하기 때문이다.

그러나 목표를 갖고 기울이는 개인의 노력은 곧 그 사람의 경험이 된다. 하나의 과업을 완수하며 축적한 경험은 결국 개인의 삶을 이루는 중요한 자산이 된다. 일이 조직에 기여하는 것도 사실이지만, 그것보다 더 중요한 의미는 개인이 전문성을 쌓고 그 과정에서 행복감, 만족감, 자아실현과 같은 긍정적인 정서를 경험하게 된다는 데 있다.

새로운 목표, 그 출발선에 서다

한수정은 주니어 시절부터 줄곧 C레벨을 목표로 삼아왔다. 과거 자신에게 긍정적인 영향을 준 리더를 경험하며, 한 사람의 영향력이 개인의 미래를 바꿀 수 있다는 것을 알았기 때문이다. 임원이 된 뒤, 수정은 후배들의 성장을 돕는 것을 목표로 삼았다. 지금까지의 성취와 위기 극복의 힘이 모두 그릿에서 나왔음을 알고 있기 때문이다.

TND코리아로 자리를 옮기면서 한수정은 전 직원의 그릿을 끌어 올리겠다는 목표로 원온원을 시작했다. HR 임원으로서 해야 할 일은 많았지만, 구성원의 성장이 조직의 성장이라는 믿음은 분명했

다. 직원들의 조직 만족도는 대체로 높았지만 여럿이 나태한 차장
에 대한 불만을 이야기했다. '프리라이더'라는 평가와 달리 나태한은
TND코리아의 개국공신이자 조직의 모든 역사를 알고 있는 인물이
었다. 그러나 그는 오랫동안 승진에서 밀려나 있기도 했다.

한수정은 나태한을 '그릿 프로젝트'의 최우선 대상으로 삼았다. 활
력을 잃은 그의 모습에서 꿈과 방향 없이 버티기만 했던 자신의 주
니어 시절이 겹쳐 보였기 때문이다. C레벨에 오르며 다짐했던 것처
럼, 이 조직에서만큼은 직원을 포기하지 않기로 결심했다.

나태한 그릿 만들기 프로젝트

1. 일주일에 한 번 원온원 진행

2. 워크그릿 진단

3. 목표와 to do list를 스스로 만들도록 독려

4. 원온원을 통해 나태한에게 느낀 점을 계속 질문하면서 코칭 제공

5. 나태한의 워크그릿 성장이 보일 때, 원온원 횟수 조정(2주일에 한 번)

6. 나태한의 워크그릿이 성장한 뒤, 더 이상 업무 관련된 마이크로 매
   니징 하지 않음

7. 워크그릿 재진단

팀원의 워크그릿을 키우기 위해서는 리더 역시 그릿을 갖추어야
한다. 한수정은 자신의 그릿을 전수하기 위해 나태한과 주 1회 원온
원을 시작했다. 한국 법인 창단 멤버로서의 노고를 인정하며, 한때
높았던 그의 그릿을 되살리고자 했다. 목표를 세우는 일은 여전히

어려웠지만, 한수정은 업무 범위를 조금씩 확장하며 나태한이 스스로 그릿을 발견하도록 곁에서 돕기 시작했다.

⧖ ⧖ ⧖

한수정과의 원온원을 통해 나태한은 처음의 거부감을 넘어 점차 성찰하고 변화하려는 모습을 보이기 시작했다. 그래서 그를 골프부킹 같은 보조업무 대신 교육 업무 전반을 경험할 수 있는 런치 타임 토크쇼 기획과 운영 업무에 투입했다. 이는 직원들의 성장에 직접 참여하는 일이기도 했다. 한수정은 원온원이 없었다면 나태한이 이 업무를 맡지 않았을 것이라 확신했다. 심리적 거리감이 줄어들면서 두 사람의 대화는 점점 업무 중심으로 바뀌었고, 수정은 그 변화를 기쁘게 지켜봤다.

나태한의 첫 기획안은 미흡했지만, 한수정은 즉각적인 피드백을 하지 않았다. 나태한은 시행착오를 통해 배우는 '실천을 통한 학습(learning by doing)' 유형이었기 때문이다. 완벽함보다 경험이 필요한 시점이었다. 런치 타임 토크쇼는 수정과 보완이 가능한 프로그램이기에 가능했다. 첫 행사는 혼란스러웠고, 나태한은 실패했다고 낙담했지만, 며칠 뒤 스스로 피드백 자리를 요청한 것을 보고 한수정은 나태한의 업무에 대한 애정과 성장의 신호, 즉 워크그릿을 보았다.

팀원에게 심리적 안전감을 줄 수 있는 질문

성공적인 원온원의 핵심 중 하나는 '질문'이다. 특히 평가하거나 바로 해결하려는 질문이 아니라, 팀원이 편하게 말할 수 있도록 여지를 여는 질문이 심리적 안전감을 만든다. 이런 질문은 팀원이 "이 사람 앞에서는 솔직해도 안전하다"는 신호를 느끼게 하고, 그 자체가 지지와 신뢰로 작용한다.

- 제가 어떤 도움을 주면 될까요?
- 제가 도움이 되는 피드백을 충분히 주고 있나요?
- 어려운 일이 해결되기 위해 어떤 지원을 해주면 될까요?
- 요즘 업무하면서 가장 부담되거나 신경 쓰이는 부분은 무엇인가요?
- 이 업무를 처리하면서 마음이 조금이라도 가벼워질 수 있도록 제가 도울 수 있는 게 있을까요?

인정이 없어도 묵묵히 해나가는 힘

한수정은 우연히 〈서울 체크인〉이라는 예능방송을 보았다. 가수 이효리를 중심으로 다양한 세대의 출연자가 나오는데, 엄정화와 이효리가 나눈 대화가 마음을 울렸다.

"좋다, 언니 있으니까. 언니는 언니 없이 어떻게 버텼어? 언니는 이런 선배가 없었잖아. 이런 기분 들 때 어떻게 버텼어?"

"몰라, 그냥 술 마셨어. (정)재형이 붙들고 이야기했는데, 동성이 아니니까 절대 이해 못하지."

한수정 본인 이야기를 하는 듯했다. 40대 후반인 한수정은 여성 롤모델을 조직에서 잘 만나지 못했다. 조직뿐 아니라, 사회에서도 만나본 적이 없다. 2023년 말 기준 대한민국 100대 기업 중 여성 임원은 6%라는 통계결과가 있다.[102] 2019년 3.5%에서 2022년 5.6%, 2023년 6%로 조금씩 상승하고는 있지만, 여전히 여성임원은 소수다. 세계 500대 기업의 여성 CEO 비율이 10.4%인 것에 비하면 적은 비율이다.

한국여성정책연구원의 보고서에는 여성 임원이 부족한 이유로 남성중심적 조직문화, 약한 네트워크와 역할 모델의 부재, 여성의 육아 돌봄 역할 수행에 대한 기업의 우려, 그에 따른 승진누락, 자녀 양육부담 등을 언급하고 있다.[103] 한수정은 이 보고서를 읽으며 이보다 더 정확한 분석이 없을 것으로 생각했다.

상대적으로 사회와 조직에서 활발히 활동하는 인구 중 남성이 절대다수다. 통계청 자료에 따르면 2023년 대한민국 15세 이상 생산가능인구 중 남성의 경제활동참가율은 73.3%이고, 여성은 55.6%다.[104] 남성과 여성의 차이가 17.7%나 존재하는 것이다. 대기업의 여성직원 비중은 더 적다. 150대 대기업의 2021년 기준 여성 직원은 24%이지만, 남성은 76%다.[105] 경제활동참가율의 차이가 17.7%일지라도, 대기업의 남녀 비중이 3배나 차이가 나는 결과는 괜찮은 일자리에 남성이 절대다수를 차지하고 있다는 의미다. 어쨌든 모두에게 좋은 롤모델이 있었던 건 아닐 것이다. 과거에는 제대로 된 리더십을 배우고 후배들에게 긍정적인 영향력을 미친 선배가 많지 않았을 것이다. 먼저 경험한 선배 없이 그 길을 헤쳐간다는 건 정말 쉽지 않은 일이다. 정답까지는 아니어도, 모범 답안이라도, 보기 몇 개라도 있으면 얼마나 좋았을까. 그러나 한수정은 모범 답안이나 보기 없이 그릿을 갖추고 정글을 헤쳐 나간다는 심정으로 지금까지 달려왔다.

한수정은 다시 한번 좋은 리더로서 후배들을 응원해야겠다고 다짐했다. 특히 눈에 들어오는 후배는 성장미와 이로운 사원이다. 신입사원 면접에서 그릿을 발휘한 경험을 묻는 질문에 둘의 대답이 인상 깊었기 때문이다. 또 그들은 하나를 알려주면 열을 흡수하는 타입이었다.

원온원을 통해 그들이 앞으로의 경력을 고민하고 있다는 것도 알고 있다. 성실함에 방향성까지 더해진다면 큰 성장이 가능하리라 한수정은 기대했다. 응원해 주는 상사를 만나지 못해 흔들렸던 자기 모습을 떠올리며, 성장미와 이로운을 비롯한 후배들에게 단단한 멘토가 되기로 다짐했다.

특히 마케팅팀 사원 이로운은 팀장과 주변 임원들로부터 반복적으로 좋은 평가를 받았다. 이는 조직 내에서 이로운이 신뢰받고 있다는 신호였다. 한수정에게도 인상 깊은 장면이 있었다. 신규 입사자 교육이 끝난 뒤, 모두 퇴소한 상황에서 이로운만 남아 운영 직원의 정리를 돕고 있었다. 또 나태한의 런치 타임 토크쇼 이후에도 묵묵히 뒷정리를 맡았다. 실패한 자리를 뜬 나태한을 대신해 현장을 조용히 책임지는 태도였다.

"이로운 사원, 혹시 뒷정리하는 거예요?"

"네, 상무님. 안녕하세요. 나 차장님께서 급한 일이 있다고 해서 제가 하고 있었습니다. 저희 팀장님께도 허락받았습니다."

"그렇군요. 고생이 많아요. 저랑 같이 해요."

⏳ ⏳ ⏳

한수정은 얼마 뒤 사내 캔틴에서 이로운과 마주쳤다.

“안녕하세요, 상무님. 마케팅팀의 이로운입니다.”

“안녕하세요. 안 그래도 궁금한 게 있었는데, 회사 업무를 하면서 목표를 세운 게 있나요? 그릿이라는 특성이 이로운 사원에게도 있는 것 같아서요.”

“솔직하게 말씀드려도 되나요? 이런 말씀 죄송하지만, 저는 이 회사에서 배운 다양한 업무 경험을 통해 10년 이내에 제 브랜드의 카페를 운영하고 싶습니다. 테마와 철학이 있는 그런 카페요. 사람들에게 힐링 공간과 커피를 전하는 사람이 되고 싶어요.”

“죄송하긴요. 인재가 회사를 떠난다면 그것은 회사가 매력적이지 않은 탓이죠. 구체적인 목표를 망설임 없이 이야기하는 걸 보니, 듣던 대로 인재 맞는 걸요.”

“감사합니다, 상무님.”

“그 목표는 계획대로 진행되고 있나요? 세부목표도 세워봤어요?”

“계획하고 있는 부분도 있고, 그렇지 않은 부분도 있습니다. TND 코리아에서의 모든 업무를 배움의 기회로 생각하고 수행하려고 노력 중입니다. 그러다 보면 저의 목표에 한 발짝 더 다가갈 수 있을 것 같아요.”

“그렇군요. 제 도움이 필요하다면 편하게 찾아와요. 응원하고 있을게요.”

한수정은 이로운의 분명한 목표가 그의 태도와 워크그릿의 원천임을 깨달았다. 그리고 그에게는 동기부여보다 응원과 기회가 더 필요하다고 판단하며 조용히 지지할 것을 다짐했다.

목표를 이루기 위해 매일 해야 하는 TO DO LIST

• **나의 목표**

• **목표를 이루기 위해 매일 실천해야 하는 행동**

의도적 연습으로 목표를 달성하다

한수정은 카페 '레느' 사장인 친구 전은영이 늘 신기하고 존경스러웠다. 대학 졸업 후 무언가 꿈틀대는 욕망은 있었지만, 일찍이 결혼과 출산을 했다. 어떤 일을 할 수 있을지, 뭘 하면 될지 알 수 없던 은영은 아이들이 좀 자란 후 학교에 가고 나면 낮시간을 활용해 소소하게 쿠키도 배우고, 케이크도 만들러 다녔다. 전업주부로 지내면서 꿈을 찾기 위해 자신이 할 수 있는 범위 안에서 몰두했고, 아이들에게 손이 덜 가게 되자 남편의 권유로 영국 유명 요리학교에 유학을 떠났다. 강도 높은 수업이 매일 이어졌지만 좋아하는 것을 배울 수 있음에 행복했다. 하지만 큰 사업 목표나 성공 계획은 없었다.

"여보, 요리학교 마치면 뭐 하지? 내가 무슨 꿈을 이루려고 이렇게 멀리 유학까지 왔는지 모르겠어."

"꼭 무언가를 해야 하는 건 아니야. 천천히 생각해 봐."

"그러기엔 당신과 아이들의 희생이 따르잖아."

"그래도 하고 싶었던 거니까, 원 없이 하다 와."

유학 후에도 은영은 뚜렷한 목표 없이 좋아하는 요리를 계속했다. SNS에는 그 과정만 조용히 쌓여갔다. 한수정은 친구의 비전과 목표를 구조화해 주고 싶었다. 비전을 먼저 세우고, 이루기 위한 다양한 목표를 수립하는 방법, 마감기한을 둔 세부 실행법 등이 생각났지만 서로의 영역이 달라 지켜볼 수밖에 없었다.

은영의 목표는 막연했지만 언젠가 본인만의 독특한 디저트를 판매하는 카페를 열겠다는 생각으로 매일 손을 움직이고 제품 개발에 힘썼다. 그렇게 1년이 흘렀다.

은영은 카페 창업을 선언한 뒤 본격적으로 준비했다. SNS에는 카페 인테리어 사진이 올라왔지만, 오픈은 계속 미뤄지고 있었다. 대표 디저트와 커피에 대해 스스로 만족하지 못했기 때문이다. 은영은 또 1년 넘게 만들고, 버리고, 다시 만들기를 반복했다.

한수정은 카페 오픈 준비만 붙들고 있는 은영을 보고 전략적이지 못하고 실행력이 떨어진다는 생각도 했다. 하지만 대표 디저트 '털실 무스'의 탄생 과정을 듣고 생각이 달라졌다. 은영은 부모님의 옛 의류 공장 터에서 카페를 열며, 공장에서 만들던 니트 그대로의 모습으로 케이크를 만들고자 했다. 매일 밤 옷 사진을 보며 디테일을 맞추는 의도적인 연습을 했고, 가족에게 반복적으로 피드백을 받았다. 원단과 실이 좋아야 한다는 부모님의 깐깐한 기준은 은영에게 항상 자극을 주었다.

'편직을 더 섬세하게 해야 한다.'
'패턴에 신경 써야 한다.'
'마감 처리까지 완벽해야 진정한 상품이다.'

수개월의 반복 끝에 부모님께 이제 오픈해도 충분하겠다고 인정받았지만, 주변 상인들과 지나가는 사람들을 붙잡고 모양과 맛을 묻고 또 물으며 다듬었다. 모두를 만족시킬 수는 없다. 하지만 그 과정 자체가 연습이었다.

"수정아, 나 우리 부모님이 만드신 옷 사진을 내 방에 걸어놓고 매일 밤 쳐다봤어. 늦게까지 카페 오픈 준비하다가 집에 와서 누우면 벽에 붙어 있는 옷 사진이 보이는 거야. 똑같이 만들어야 이 자리에서 이 케이크를 팔 자격이 있겠더라고."

은영은 계속 말을 이어 나갔다.

"디자인은 예쁜데, 맛은 내 입맛이 아니라는 의견도 있고, 맛은 별로지만 식감이 좋다는 말도 들어봤어. 눈으로 맛을 느꼈다는 말을 들었을 때에는 뛸 듯이 기쁘더라고. 사진 찍는 재미가 있다는 사람도 있고. 모두를 만족시킬 수는 없지만 이 모든 과정이 나에게 많은 연습이 되었어."

카페 이름은 '레느(Laine)', 프랑스어로 '털실'이라는 의미다. 은영이 직접 개발한 대표 디저트와 딱 어울리는 이름이라는 생각이 들었다. 수정은 은영을 옆에서 지켜보면서, 뚜렷한 목표를 갖고 시작하지 않았더라도 연습이 워크그릿을 기른다는 것을 깨닫게 되었다. 은영은 스스로 의도적이고 정확한 연습을 하고 있었던 것이다.

$$\text{⧗ ⧗ ⧗}$$

한수정은 시간적 여유가 있을 때 은영의 카페에 종종 방문했다. 재미 삼아 수정의 가방에 있던 워크그릿 진단지를 건넸고, 진지하게

의도적인 연습의 중요성

실력이 높아질수록 성장 속도는 점점 느려진다. 분야를 깊이 알수록 하루하루의 성장은 눈에 띄지 않는다. 심리학자 안데르스 에릭슨(Anders Ericsson)이 밝혀낸 결정적 차이는 전문가들이 더 '오래' 연습해서가 아니라 '다르게' 연습한다는 점이다. 무작정 반복하지 않고, 질을 높이기 위해 '의도적인 연습(deliberate practice)'을 수천, 수만 시간 동안 한다는 점을 우리는 알아야 한다.

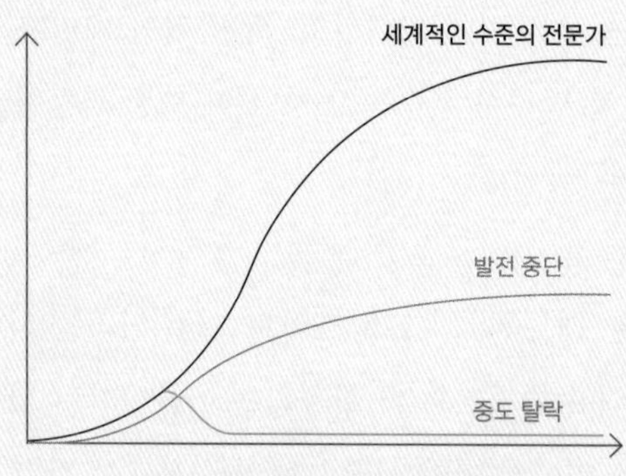

의도적인 연습에 따른 전문성 발달곡선

의도적인 연습이란 정확하고 올바른 방향으로 나아가는 연습이다. 단순 반복도 실력향상에 도움이 되지만 어려운 목표 달성일수록 올바른 방향이 더 중요하다. 의도적인 연습, 올바른 방향으로의 연습은 힘들고 유쾌하지 않을 수 있다. 잘하지 못하는 부분을 계속 마주해야 하기 때문이다. 그럼에도 성장을 위해서는 더 정확한 전략과 연습이 필요하다.[106]

답한 은영의 점수는 95점이었다. 그 점수를 본 한수정은 놀라지 않았다. 마흔에 유학을 떠나 자신만의 철학을 담은 카페를 만든 선택은 높은 그릿 없이는 불가능했기 때문이다. 은영은 돈이나 성공보다는 스토리와 시그니처가 확실한 공간을 만들고 싶었다. 가족의 희생이 있었기에 더 쉽게 타협할 수도 없었다. 하지만 은영은 여전히 고민이 많다. 고객의 변화, 직원들과의 관계 등 모든 것이 시행착오의 연속이었다.

"수정아, 보기에는 내가 성공한 것 같아도 고민은 계속되는 중이야. 고객들의 니즈는 계속 바뀌고, 직원들과의 생활도 쉽지만은 않아. 그러면서 배워나가는 거겠지?"

"그렇게 힘든데, 카페는 왜 계속하는 거야? 이유가 있어?"

"이유는 하나야. 성장하고 싶거든."

카페의 성장, 자신의 성장, 그리고 직원들의 성장을 목표로 둔 은영의 말을 들으며 한수정은 다짐했다. 자신도, 직원들도 끝장을 보기 위해 이 조직에 있다는 믿음을 가져야겠다고. 그 믿음이야말로 그릿의 시작이기 때문이다.

팀원의 그릿을 이끄는 법

한수정은 3년 연속 저성과를 받은 하성과 과장과 원온원을 진행하기로 했다. 그는 성실하지만 성과가 나지 않기로 유명한 직원이었다. 전임 팀장들 역시 그의 문제를 명확히 짚지 못한 채 시간을 보내온 듯했다.

하성과는 지방 대도시 출신으로, 지역에서 알려진 대학에서 심리학을 전공했다. 이후 소규모 심리상담센터에서 경력을 쌓았고, 코칭에 관심을 가지며 관련 자격증도 취득했다. 조직에 코칭 열풍이 불던 시기에 코칭 자격을 갖춘 경력직으로 입사해 임원과 팀장 등 리더를 대상으로 하는 코칭 프로그램 설계를 담당했다. 그러나 경험부족은 곧 한계로 드러났다. 코칭 관련 자격증은 있지만, 경험이 풍부하지 않아 업무를 하는 데 어려움이 있었다. 본인보다 나이가 많은 상사를 대상으로 코칭을 진행할 때면 주도권을 잡기 어려웠고, 상황이 조금만 예상에서 벗어나면 대응을 잘하지 못했다.

마침 같은 팀에서 코칭 업무를 희망하는 직원이 있어, 경력개발차원에서 하성과를 사내 법정 의무교육 담당으로 이동시켰다. 이후그는 줄곧 저성과 평가를 받게 됐다. 회사 근처 카페에서 진행된 원온원 자리에서 하성과는 극도로 긴장한 모습을 보였다. 한수정은 평가가 아닌 대화를 위한 자리라고 분위기를 풀며 가벼운 이야기 위주로 대화를 이끌고 난 뒤, 본론으로 들어갔다.

"하 과장님, 3년 동안 저성과를 받았고 연봉이 동결되었습니다. 앞으로 어떤 계획인지, 제가 도울 수 있는 건 무엇인지 이야기해 보고싶어요."

"상무님, 저는 코칭 업무를 하고 싶습니다. 코칭 업무는 제가 가장잘하고, 좋아하는 일이거든요."

한수정은 잠시 말을 고른 뒤 되묻는다.

"천재는 노력하는 사람을 이길 수 없고, 노력하는 사람은 즐기는 사람을 이길 수 없다는 말, 들어보셨죠? 방송인 서장훈 씨가 이런 말을 했어요. 즐겨서는 아무것도 안 된다고요. 무슨 의미일까요?”

하성과는 고개를 갸웃했다.

“회사는 하고 싶은 일만 하는 곳이 아니에요. 원하지 않는 일도 해내야 하죠. 또 조직에는 기회를 나눠야 할 후배들도 있습니다. 지금은 다른 업무를 통해 역량을 넓혀야 할 시기예요. 다른 업무를 배울 기회로 삼았으면 해요. 제가 늘 강조하죠. 그릿이 있어야 한다고요. 그릿이 있는 사람들은 원하는 일이 아니라 하더라도 긍정적으로 수행할 수 있답니다. 잘 하는 일, 하고 싶은 업무만 하는 건 프로가 아니에요. 프로는 원하지 않는 일도 책임 있게 수행하는 사람입니다. 그 과정에서 새로운 역량이나 적성을 발견하기도 하고요. 그게 워크그릿이에요.”

하성과가 울먹이며 말한다.

“저는 코칭밖에 모르는 사람입니다. 사실… 법정 교육을 맡았을 때 아무것도 몰랐습니다. 이전에 해본 적도 없고, 팀장님이 자세히 설명도 안 해주시고요. 그래서 물어보기도 망설여졌습니다. 솔직히 말하면 곧 코칭으로 돌아갈 거라 생각해서 제대로 해볼 마음도 없었습니다.”

“그럼 지금부터 다시 시작해 보면 어떨까요? 외부 세미나도 있고, 찾아보면 자료도 많아요. 제가 몇 가지 방향을 같이 찾아볼게요.”

“아니요, 상무님. 제가 먼저 찾아보겠습니다. 그동안 제가 정성이 부족했던 것은 사실인걸요. 저를 포기하지 않고 설득해 주셔서 감사합니다.”

한수정은 공감하며 고개를 끄덕였다.

원온원을 통해 팀원의 그릿을 이끌어 내는 방법

워크그릿이 높은 사람은 원하지 않는 업무도 긍정적으로 수행한다. 그 과정에서 주변에 적극적으로 질문하고 도움을 구한다. 반면 워크그릿이 낮은 사람은 원하지 않거나 난이도가 있는 과업에서 쉽게 지치고, 끈기 있게 해나가는 데 어려움을 겪는다. 이때 주변에 그릿한 상사나 선배가 있다면 워크그릿을 끌어올려 업무를 완수할 수도 있다. 그렇다면 그릿한 선배는 어떻게 원온원을 이끌면 될까?

- 팀원의 긴장과 방어를 풀 수 있도록, 업무가 아닌 일상적인 이야기로 먼저 접근한다. 편안한 분위기 속에서 시작된 대화에서 진짜 이야기가 나온다.
- 팀원이 그릿을 발휘해야 할 업무를 구체적으로 제시하되, 해결책을 바로 주지 말고 스스로 방법을 찾도록 질문하는 것이 바람직하다. 답보다 질문이 성장을 이끈다.
- 팀원의 목표와 실행 계획을 리더가 정확히 이해해야 한다. 구체적인 업무 내용 위에 점검과 조율이 이루어져야 한다.
- 결과가 부족하더라도 잠재력을 보고 기회를 제공한다. 격려와 피드백은 다시 도전할 힘이 된다.
- 스스로 해낼 수 있을 때까지 리더가 관심을 두고 지켜보고 있다는 신호를 분명히 보이면 신뢰가 쌓인다.

"지금 이게 원온원이에요. 제가 답을 준 게 아니라 스스로 방법을 찾았네요. 제가 늘 그릿을 이야기하죠. 그릿이 있는 사람들은 매사에 긍정적으로 길을 찾습니다. 하 과장님도 분명 그릿이 있는 사람이네요."

한수정은 하 과장에게는 워크그릿을 어떻게 쓰는지에 대한 안내가 더 필요하다고 생각했다. 당분간 이 원온원을 이어가야겠다고 마음먹었다.

그릿을 기르는 환경과 직무적합성의 관계

카페 레느는 날이 갈수록 핫플레이스로 자리 잡았다. 특히 시그니처 털실 케이크는 SNS에서 큰 인기를 끌었고, 해외 매체에 소개되며 외국인 관광객의 발길도 이어졌다. 그러던 어느 날, 외국인 손님이 통역사와 함께 매장을 찾았다. 그는 유럽에서 여러 베이커리를 운영하는 사업가로, 레느의 디저트를 직접 보고 싶어 왔다고 했다. 짧은 대화 끝에 그는 뜻밖의 제안을 건넸다. 자신의 베이커리만을 위한 시그니처 케이크를 개발해 줄 수 있겠냐는 것이었다.

은영은 기쁜 제안이라고 생각했지만 동시에 두려움이 밀려왔다. 레느의 시그니처 케이크를 완성하는 데도 1년이 걸렸는데, 해외 베이커리의 디저트라니. 무엇부터 시작해야 할지 막막했다. 그날 밤, 남편에게 고민을 털어놓았다.

"여보, 내 카페가 아닌 곳의 디저트를 만들 수 있을까?"

"무슨 이야기야?"

"오늘 외국 손님이 왔는데, 자기 베이커리만의 독특한 디저트를 개발해 달라는 거야."

"엄청 좋은 기회잖아. 한번 해보는 건 어때?"

"그렇게 쉬운 일이 아니야. 우리 케이크 하나 만드는 데도 1년 걸

렸잖아."

"그래도 당신, 뭐 하나 몰입하면 눈빛부터 달라지잖아. 지난번에도 갑자기 아이디어가 떠오른다고 털모자 케이크 만들어 냈고."

"그 사람, 커피 이야기를 많이 하던데, 커피에 진심인 거 같더라고. 커피… 원두… 원두 모양의 디저트라면?"

은영은 말이 끝나기도 전에 아이디어가 떠올랐다. 문제는 그다음이었다. 사람들이 원두를 떠올리며 상상하는 맛을 구현해야 했다. 남편은 좋은 기회라며 은영의 아이디어에 힘을 실어줬다. 고민 끝에 은영은 계약을 맺고 유럽에 보낼 디자인 개발을 시작했다. 카페 레느의 시그니처는 부모님의 의류 공장이라는 분명한 아이덴티티가 있었지만, 유럽에서는 무엇으로 정체성을 만들어야 할지 매일 밤 혼자 남아 고민에 빠졌다.

한번 생각에 잠기면 좀처럼 멈추지 못하는 성격 탓에 은영은 새벽까지 검색하고 메모하며 몰두했다. 누구도 은영의 열정을 말릴 수 없었다. 은영은 자신도 몰랐던 이 집요한 몰입이 바로 그릿이라는 사실을 나중에 알게 되었다.

은영의 그릿은 왜 마흔이 되어서야 발휘된 것일까. 사람들은 저마다 다른 그릿을 갖고 있다. 서로 다른 순간, 다른 기회에서 발견된다. 다양한 경험을 통해 자신에게 잘 맞는 일, 다시 말해 자신과 적합성이 높은 직무를 만났을 때 그릿은 더욱 쉽게 발휘된다. 은영은 마침내 자신에게 꼭 맞는 일을 만났고, 그 순간부터 그릿이 자연스럽게 작동하기 시작한 것이다.

직무적합성 진단

직무적합성[107]이란, 자신의 삶이나 일에서 중요하게 여기는 가치와 수행하고 있는 업무가 얼마나 잘 맞닿아 있는지를 의미한다. 자신의 가치와 밀접한 일을 할 때 더 몰입하고, 더 끈기 있게 일하려는 그릿이 발휘된다. 자신과 잘 맞닿아 있는 일은 다양한 업무를 경험하면서 찾을 수 있다. 일에 대한 선호와 만족감을 통해 어떤 직무가 나와 가장 맞는지 찾아볼 수 있다.

번호	문항	1	2	3	4	5
1	내가 삶에서 가치를 두고 있는 것과 나의 일의 가치는 비슷하다.					
2	내 개인적인 가치는 내가 하는 일과 잘 맞는다.					
3	내 직무는 나와 잘 맞는다.					
4	나의 일은 내가 인생에서 가치를 두는 것과 매우 잘 맞는다.					
5	나는 나의 일이 내 가치와 일치하여 만족스럽다.					

21~25점: 나의 가치와 일치하는 직무를 수행하고 있는 상황. 일에 대해 만족하고, 그릿을 발휘할 가능성이 높음. 직무와 연관된 과업을 확장해 보는 것도 발전의 기회가 될 수 있다.

16~ 20점: 나의 가치와 어느 정도 일치하는 직무를 하고 있는 상태. 업무에 대한 성취감과 만족감이 존재할 수 있다.

11~15점: 현재의 직무가 나의 가치와 많이 다르지 않음. 어떤 직무들을 더 경험하고 싶은지에 대해 조금 더 고민하는 것이 필요하다.

5~10점: 일에 대한 가치가 정립되어 있지 않거나 현재의 직무가 나의 가치와 잘 맞지 않음. 이 경우, 일에 대한 그릿이나 몰입이 낮아질 수 있다. 일을 하는 의미에 대해 진지하게 고민해 볼 필요가 있다.

워크그릿의 큰 산, 육아

한수정은 육아로 인해 퇴직을 고민하는 직원들을 볼 때마다 자신의 과거를 떠올렸다. 첫 번째 회사에서 두 번째 회사로 이직하던 시기, 한수정은 결혼을 했고 대학원 생활도 병행하고 있었다. 석사과정을 마친 뒤에는 직장생활에만 집중하겠다고 마음먹었는데 대학에서 시간강의 제안이 들어왔다. 욕심이 났고, 결국 강의를 맡았다. 그 무렵 임신 소식도 함께 찾아왔다. 두 학기 내내 임신한 몸으로 회사와 대학 강의를 오갔다. 겨울방학에 맞춰 출산을 했고, 회사에서는 3개월 동안 출산휴가를 받을 수 있었다. 아이를 어떻게 키울지 깊이 고민할 틈도 없이, 출산은 또 하나의 과제처럼 지나갔다. 결혼 직후, 시어머니가 선언했던 말도 내내 마음에 걸렸다.

"나는 아이는 못 봐준다."

한수정의 엄마는 딸이 원한다면 얼마든지 손주를 봐주겠다고 했지만, 막상 그때가 되자 걱정이 앞섰다. 체력도, 비용도 서로에게 부담이 되니 다양한 고민이 들었다.

한수정이 일을 놓을 수 없는 이유는 분명했다. 가계에 보탬이 되어야 했고, 무엇보다 뚜렷한 목표와 일에 대한 열정을 스스로 꺾고 싶지 않았다. 회사의 출산휴가는 4월 중순까지였지만, 시간강사에게 출산휴가를 줄 학교는 없다. 출산 후 6주 만에 다시 강단에 섰고, 5월에는 회사에 복직했다. 그때부터 한수정의 일상은 엉망진창이 되었다. 그가 아이를 낳던 20년 전만 해도 육아는 전적으로 엄마의 몫이었다. 남편은 아이를 끔찍하게 사랑하면서도 양육에는 한발 비켜서 있었다. 시부모님의 시선도 크게 다르지 않았다. 딸 가진 사돈이 고생하는 건 당연하다는 듯한 태도에 종종 마음이 상하는 건 어쩔 수 없었다. 아이를 봐주는 엄마의 집은 한수정의 집에서 한 시간 정도 떨어진 거리. 매일 맡기고 데려오는 일을 반복하는 것은 현실적으로 불가능했고 결국 아이는 외할머니, 외할아버지의 사랑을 받으며 자랐다.

한번은 아이를 맡기고 해외 출장길에 올랐는데, 떠난 다음 날부터 아이의 열이 39.4도에서 떨어지지 않는다고 연락이 왔다.

"수정아, 조금 일찍 돌아올 순 없어?"

아이의 컨디션을 알려주는 메시지가 시차와 상관없이 계속 울렸다. 딸 없이 아픈 손주를 돌보는 부모님을 생각하니 가슴이 터질 듯 답답하고 불안했지만, 출장 중에 할 수 있는 일은 없었다. 한국으로 다시 돌아갈 수는 있었다. 그 뜻은 곧 회사를 그만두거나, 승진을 포기한다는 의미다. 한수정은 고민 끝에 하루만 더 버텨보기로 했고, 다행히 아이의 열은 내려갔다. 아이를 사랑하지 않아서가 아니었다. 맡은 일에 책임을 다하고 싶었고, 그 선택의 무게는 온전히 한수정의 몫이었다.

이후에도 한수정이 출장을 떠날 때마다 아이가 아파 한동안은 출장 일정이 잡히면 괜히 마음이 먼저 무거워지는 시간이 이어졌다. '내가 너무 이기적인 엄마는 아닐까.' 죄책감은 하나둘씩 쌓였지만 그때마다 스스로를 다독였다. 아이는 자라는 과정에서 아프고, 한수정 자신은 가야 할 길을 가고 있다고 믿었다.

시간이 흘러 아이는 잘 자랐고, 큰아이가 열 살이 되던 해 둘째가

태어났다. 육아 경험 때문인지, 조금은 단단해졌기 때문인지는 알 수 없었지만 둘째는 일하면서도 첫째 때보다 수월하게 키울 수 있었다. 지금 아이들은 직장생활을 하는 엄마를 자랑스러워한다. 다만 일 때문에 첫째 아이의 유치원 졸업식에 참석하지 못했던 기억만은 아직까지 마음에 남아 있다.

⧖ ⧖ ⧖

한수정은 며칠 전 마케팅팀 김민정 대리와의 원온원이 계속 맴돌았다. 그는 둘째가 12개월인 워킹맘이다. 6개월 만에 복직했는데 얼굴이 유난히 밝았다.

"상무님. 회사로 돌아올 수 있어서 정말 좋아요."

자신을 기다려 준 회사에 너무나 고맙고, 트렌드가 많이 변하기 전에 일을 다시 시작할 수 있어서 다행이라고 털어놓았다. 하지만 원온원에서 울음을 터트려 한수정을 놀라게 했다.

"우울증 직전까지 갔어요. 집안일과 첫째 육아는 온전히 제가 했고요. 남편은 늘 '도와준다'고 말했어요. 돕는 게 아니라 같이 하는 게 맞잖아요."

육아휴직 중 사이버대학교 석사과정을 병행하며 밤마다 과제를 하던 이야기, 하루가 끝날 때마다 밀려오던 눈물을 쏟아낸 이야기를 하다 결국 남편이 육아휴직을 쓰게 되었다고 했다.

"저만 아등바등 사는 것 같더라고요. 제 분야에 전문가가 되고 싶다는 생각이 강해서 이렇게까지 끌고 왔는데… 행복해지려고 낳은 아기인데… 하루하루 사는 게 힘들었어요. 그러다 남편이 육아휴직을 쓰게 됐어요."

"김 대리님도, 남편도 큰 결심을 했네요."

"맞아요. 남편은 알고 보니 소속된 팀에서 처음으로 육아휴직을 쓴 남직원이었어요. 상사와 동료들이 많이 응원해 줬다고 해요. 그런데 남편 회사도 모든 부서가 그런 분위기인 것은 아니라고 했지만요."

"그렇죠. 남성 직원의 육아휴직은 아직 매우 드문 편이에요. 겉으로는 자유롭게 쓰라고 하지만 막상 신청하려면 눈치를 보는 거겠죠."

"저는 남편이 휴직한 덕에 일에 집중할 수 있어서 너무 행복해요. 그런데 상무님께서 항상 강조하시는 워크그릿 말인데요. 어린아이를 키우더라도 업무를 차질 없이 해내는 게 워크그릿인 것 같은데, 저는 워크그릿이 낮은 걸까요?"

"아니에요. 한 사람이 육아를 하면서 동시에 자신의 경력을 이어나가기 위해서는 많은 사람과 조직의 도움이 필요해요. 김 대리님이 어려움 속에서도 포기하지 않고 일을 계속하고자 하는 것만으로도 워크그릿이 발휘되고 있는 거예요. 그런 상황에서 조직이 여러 지원을 해준다면 구성원들이 생존을 위해 버티는 데 에너지를 쓰는 대신, 더 큰 목표를 세우고 도전하겠죠? 그렇게 되면 개인의 성장과 조직의 성과는 자연스럽게 확장될 겁니다."

남편의 휴직 이후 김 대리는 일에 몰입할 수 있었고, 석사과정도 무사히 마무리했다. 팀 내 성과 평가는 최우수였다.

일하는 부모의 워크그릿을 높이는 방법

조직 내 연차가 쌓일수록 사람들은 업무에서 숙련도를 갖추게 된다. 그렇지만 그만큼 결혼, 육아, 부모 돌봄 등의 외적인 변화들로 커리어에 대한 부담도 늘어간다. 특히 아이는 사랑스럽지만 그만큼 나약하고 보호가 필요한 존재이기도 하다. 다음은 일하는 부모들의 워크그릿을 키우기 위해 조직에서 활용할 수 있는 몇 가지 전략이 있다.

• 근무 시간과 장소의 유연성

근무의 양보다 질에 초점을 두는 환경에서는 구성원이 자신의 에너지를 더 효율적으로 배분할 수 있다. 재택근무나 하이브리드 근무제는 시간과 공간의 제약을 완화함으로써, 개인의 생활 리듬과 업무 집중도를 함께 높일 수 있다.

• 성과를 명확하게 기록하고 공유할 수 있는 시스템

업무 과정과 결과를 시스템상에 투명하게 남기면, 상사는 수시로 업무 흐름을 파악할 수 있고 구성원 역시 자신의 일을 보다 객관적으로 바라볼 수 있다. 이러한 구조는 명확한 결과 도출과 공정한 평가로 이어지며, 스스로의 업무를 책임감 있게 끌고 갈 수 있는 동기를 제공한다.

• 육아를 남녀 공동의 역할로 인식하는 조직 문화

법적으로는 남녀 모두에게 육아휴직이 보장되어 있지만, 실제로 남성이 이를 활용할 수 있는 조직은 여전히 많지 않다.[108·109] 아빠 육아휴직 제도의 실질적 확대는 남성 직원의 가정 내 역할을 강화하고, 그에 따른 심리적 안정과 몰입을 통해 조직은 더 높은 워크그릿을 기대할 수 있다.

• 팀원 개인이 팀과 조직에 기여할 수 있는 지점을 리더와 함께 구체화

시간과 근무 장소에 대한 배려를 받는 일하는 부모일수록 감사함과 미안함이 동시에 존재하기 마련이다. 이러한 감정이 소진으로 이어지지 않도록, 조직과 개인은 서로

▶▶

한수정은 김민정과의 원온원을 통해 남성도 육아휴직이 좀 더 자유로워져야겠다고 생각했다. 제도보다 중요한 것은 실제로 사용할 수 있는 분위기여야 한다.

'이건 개인의 문제가 아니야. 조직에서 책임져야 해.'

그날 이후, 한수정은 TND코리아에 남성 육아휴직 제도 의무화를 반드시 정착시키겠다고 마음먹었다.

⧗ ⧗ ⧗

한수정이 TND코리아에 합류해 원온원을 시작한 지도 어느덧 1년이 지났다. 처음에는 어색해하던 직원들도 이제는 원온원을 자신을 점검하는 시간으로 받아들이기 시작했다. 300명이 근무하는 조직에서 모든 원온원을 혼자 맡는 것은 불가능했다. 그래서 원칙을 만들

---

* 사회적 교환 이론(social exchange theory). 개인은 다른 개인이나 조직에 자신의 행위로 인해 어떠한 보상을 받을 것이라고 기대할 때, 자신의 자원이나 에너지를 교환하려고 한다.

어 갔다. 피플팀은 직접, 전체 부서 팀장은 격주로, 팀원들의 원온원은 각 팀의 팀장이 담당하되 요청할 시 한수정이 단기간으로 개입했다.

한수정은 원온원 외에도 챙겨야 할 회의가 줄줄이 있고, 파트너사 미팅과 업계 행사, 외부 강연, 고객사 방문까지 일정이 빼곡했다. 이동 시간에도 쪼개진 틈을 활용해 메일을 확인하고 결재 처리를 하곤 했다. 그래도 원온원 일정만큼은 포기할 수 없었다. 바쁜 와중에도 약속을 지키는 태도는 신뢰로 이어졌고, 신뢰는 대화의 깊이를 만들었다. 게다가 원온원으로 구성원들의 그릿이 늘어나는 것을 느끼니 즐거워서 포기할 수 없었다.

한수정은 원온원을 통해 개인의 안부를 묻고, 업무에서 막힌 지점을 살피고, 필요한 지원을 함께 고민한다. 그리고 원온원 시간을 통해 얻은 인사이트를 간단하게 정리하고, 심리적 컨디션을 가볍게 점검한 뒤, 다음 한 주의 '작은 한 가지 실천'을 합의하는 것으로 마무리한다. 평가와 질책은 하지 않는다. 이 시간은 앞으로 나아가기 위한 조율의 시간이라는 점이 중요하기 때문이다.

"요즘 업무를 하면서 가장 막히는 부분이 무엇인가요?"
"솔직히 방향을 잡지 못하겠습니다."
"우선 이 업무의 목표부터 살펴볼까요?"

한수정은 원온원을 거듭하며 워크그릿이 타고난 사람도 있지만, 길러질 수 있다는 사실 또한 체감했다. 작은 성취에 대한 인정과 격려, 다음 행동에 대해 같이 고민하는 것, 배움의 경로 제시, 일의 의미를 찾게 하는 말. 이 네 가지가 반복되면 사람의 워크그릿은 반드시 자란다.

사기가 바닥이었던 직원도, 이제 막 출발선에 선 신입도 각자의 속도로 제자리를 찾아가고 있었다. 그 모습을 지켜보는 일은 한수정에게 충분한 보상이다.

3장

목표와 환경,
워크그릿의 원동력

그릿을 발휘한 경험이 있는 사람이 유리하다

성장미는 서울의 중하위권 4년제 대학 출신이다. 그는 취업을 위해 할 수 있는 수많은 노력을 했다. 3년간의 봉사활동, 토익 800점, 어렵다고 소문 난 사회조사분석사 국가기술자격증까지 취득했다. 교내 근로 장학생과 다양한 아르바이트 경험까지, 스스로 보기에는 충분히 성실한 준비였다.

그러나 대학 시절, 우연히 1박 2일 취업 캠프에 참여하면서 생각이 달라졌다. 그곳에서 자신과 비슷한 스펙의 취업 준비생을 여럿 만났고, 특히 한 참가자가 인상 깊었다. 학교만 다를 뿐 토익 점수, 자격증, 봉사활동, 아르바이트 경험까지 모두 같았다. 이름과 얼굴을 가리면 도저히 구분하기 어려울 정도였다.

그 순간 성장미는 서류전형에서 번번이 탈락한 이유를 깨달았다. 공장에서 찍어낸 듯한 이력을 가진 지원자가 수천, 수만 명에 이르는 상황에서, 그의 이력서에는 '나다움'을 보여줄 만한 이야기와 경험이 없었다. 인사 담당자가 한 번 더 읽고 싶을 이유가 없던 것이다. '나는 지금까지 깊이 고민하지 않았구나. 적당히 노력했을 뿐이네.'

그날 이후 취업준비 방식을 바꾸었다. 학벌, 학점, 토익, 어학연수, 자격증, 공모전 입상 경력, 인턴 경력, 소위 말하는 '7스펙'을 더 탄탄하게 준비했다. 학벌과 학점은 이미 정해진 조건이었기에, 토익 목표 점수는 950점으로 설정했다. 이 와중에 사회봉사 활동과 성형수술까지 더한 '9스펙'을 만들어야 하나 고민했지만 단단히 세운 목표를 향해 흔들리지 않도록 마음을 다잡았다. 취업캠프에서 배운 대로 목표를 구체화하고 달성기간을 정했다.

토익 점수 올리기

- 목표 점수: 현재 800점 → 950점
- 목표 기한: 앞으로 3개월
- 구체적인 목표: 매달 토익 시험 응시, 한 달에 50점씩 올리기
  (850 → 900 → 950점)
- 실행 계획: 평일 3시간씩 인강 듣기, 토요일 스터디 3시간 참석, 일요일 단어 복습 및 테스트

성장미는 계획보다 빠르게 목표 점수에 도달했다. 석 달로 잡았던 목표를 두 달 만에 달성했다. 그만큼 간절했다. 이후 자격증, 공모전, 인턴 등 단기간에 도전할 수 있는 경험에 집중했다. 기업의 채용 공고가 뜰 때마다 인재상은 물론 기업의 역사와 제품, 서비스까지 꼼꼼히 공부했다. 자기소개서를 쓸 때는 해당 기업과 연결되는 자신의 이야기를 만들기 위해 밤을 새우기 일쑤였다.

수학 전공자로서 직무를 찾는 일도 쉽지 않았다. 흥미와 적성에 맞는 분야를 탐색하고, 관련 경험을 억지로라도 스토리로 엮는 과정은 고통스러웠다. 누군가는 이를 '자소설'이라 불렀지만, 성장미는 포기하지 않았다. 목표를 세우고 계획적으로 실행하니 서류 합격 소식이 하나둘 들려오기 시작했다.

'이제는 면접이다.'

당시 성장미의 목표는 분명했다. 자신에게 잘 맞는, 다시 말해 '적합한 회사'에 입사하는 것이었다.

성장미는 지원한 회사 중 두 곳에서 면접 제안을 받았다. 그중 한 곳이 현재 일하고 있는 TND코리아였다. TND코리아의 채용 절차는 서류심사 후 실무진 면접, 이어 임원 면접 순으로 진행되었다. 성장미가 지원한 직무는 HR로, 자신의 경험과 잘 맞는다고 생각했다. 성장미는 자신과 잘 맞는 회사에서 일하게 될 수 있기를 간절히 바라며 면접을 준비했다.

TND코리아는 고용노동부가 선정한 '일하기 좋은 기업 100'에

나의 업무 히스토리 점검

나는 언제, 어떤 계기로 목표를 세웠는지 돌아본다.

-

-

그 목표를 위해 무엇을 해봤는지 정리한다.

-

-

과정에서 경험한 어려움과 반대, 실패, 그리고 장애물을 떠올린다.

-

-

그러한 상황 속에서 포기했는지, 다른 방법을 시도했는지, 기다리거나 타협했는지 등을 점검한다.

-

-

지금 시점에서 돌아보며, 그때의 나에게 해주고 싶은 조언을 정리한다.

-

-

지금 이 자리에서, 그 목표 혹은 새롭게 설정한 목표를 위해 무엇을 해보고 싶은지 구체화한다.

-

-

늘 포함되는 곳으로, 수평적이고 실패를 허용하는 조직문화로 정평이 나 있다. 연봉과 복지, 성장 가능성까지 갖춰 취업 준비생들에게는 대기업 못지않은 선망의 대상이었다. 재직자 만족도 역시 늘 높았다.

이 회사를 간절히 원한 데에는 또 다른 이유가 있었다. 매년 A일보가 발표하는 '2030 청년세대가 존경하는 여성 리더'에 선정된 HR 전문가 한수정이 TND코리아의 HR 리더로 합류했기 때문이다. 성장미는 이미 그의 SNS를 팔로우하고 있을 만큼, 롤모델로 여기고 있었다.

임원 면접 당일, 면접실에 들어선 성장미는 놀랐다. 롤모델인 한수정이 면접관으로 앉아 있었기 때문이다. 실제로 마주하게 된 것만으로도 충분히 영광이었다. 여러 질문이 오간 뒤, 한수정이 물었다.

"한 가지를 포기하지 않고 계속 도전해 본 경험이 있나요?"

성장미는 사진 동아리 활동 이야기를 했다. 이과 출신인 그는 감성을 기르고 싶어 사진을 선택했고, 편집을 위해 포토샵을 독학했다. 가르쳐 줄 사람은 없었고, 책과 영상에 의존해 혼자 익혀야 했다. 그시간에 영어공부를 하는 게 더 도움되었을지도 모르지만, 실력이 느는 게 눈에 보여 쉽게 멈출 수 없었다. 결국 꾸준히 하다 보니 지금은 상급 수준이라고 자신 있게 말할 정도가 되었다.

"학업에는 지장이 없었나요?"

"두 달 정도 집중했습니다. 잠시 학업에 소홀해지기도 했지만, 오래도록 이 취미를 즐기려면 균형이 필요하다는 걸 깨닫고 다시 취미와 학업을 조절했습니다."

한수정과 면접관들은 고개를 끄덕였다. 면접은 비교적 편안한 분위기 속에서 마무리됐다. 하지만 성장미는 문득 불안해졌다.

'아까 한수정 상무님의 질문 의도를 제대로 이해한 걸까.'

제대로 대답한 것인지 확신은 없었지만, 입사 후 성장미는 한수정으로부터 그 답변이 인상 깊었다는 말을 들었다. 한 번쯤 깊이 몰입해 본 경험이 있는 사람은 자신의 일에서도 목표를 발견하면 쉽게 포기하지 않는다는 이유에서였다.

성장미 지원자는 TND코리아 채용에 최종 합격하였습니다.

아래의 입사 일정과 제출 서류를 확인하시기 바랍니다.

기타 문의사항은 피플팀으로 연락 바랍니다.

2주 뒤, 성장미는 TND코리아 피플팀으로부터 메일을 받았고, 드디어 그토록 원하던 취업에 성공했다.

그릿, 기업의 대표 인재상이 되다

성장미는 취업준비 과정에서 여러 기업의 인재상을 유심히 살펴보았다. 표현은 달랐지만 대부분의 기업은 열정, 도전, 문제해결, 협업 같은 단어들로 인재상을 설명했다. 서로 다른 기업이었지만 내용은 크게 다르지 않았다. 성장미 역시 이러한 인재상을 스스로에게서

면접에서 그릿을 확인하는 방법

• 신입사원 인터뷰 질문 예시

- 끈기를 갖고 오랜 시간 노력을 쏟은 분야나 일이 있나요?
- 목표를 달성하기 위해 문제를 해결하고 오랫동안 노력한 경험을 이야기해 주세요.
- 하고 싶은 일을 하다가 어려운 상황을 마주했을 때, 지원자는 어떠한 조치를 취했나요? 구체적인 경험을 들려주세요.
- 지원하신 OO직무가 어렵고 재미없어도 계속해 낼 수 있을까요? 어떤 경험으로 자신을 확신할 수 있나요?

• 경력직 직원 인터뷰 질문 예시

- 업무에서 풀리지 않는 문제가 발생했을 때, 해결했던 경험에 관해 이야기해 주세요. 그때 느꼈던 감정, 해결했던 방법을 포함하여 말씀해 주세요.
- 빠르게 성과가 나지 않는 업무를 맡았을 때, 어떻게 동기를 유지하며 일했나요?
- 담당하던 업무에서 내 생각과 상사의 의견이 다를 때는 어떻게 해결했나요?

직무와 관련된 경험을 묻는 질문은 단지 성과나 결과를 확인하기 위한 것이 아니다. 어려운 상황에서도 끝까지 시도하고자 했던 태도와 끈기를 살펴보는 것이다. 신입사원은 문제를 해결했는지보다, '해보려는 집념'과 '도전 과정에서의 태도'에 주목해야 한다. 경력직은 어려운 과제를 마주했을 때 문제를 해결해 나가는 전략과 그 과정에서 얼마나 꾸준히 버텨냈는지를 구체적으로 확인해야 한다. 워크그릿은 '즐거움'이나 '재능'에서 비롯되는 것이 아니라 원하지 않는 상황에서도 지속하려는 의지와 태도로 드러난다.

찾아내기 위해 무수히 노력했고, 면접에서 잘 드러날 수 있도록 모범답안을 만들어 연습하곤 했다. 그러다 문득 이런 생각이 들었다. '직무중심 채용이라고 해서 KSA(지식, 기술, 태도)를 열심히 쌓았는데, 이걸 다 갖춘 인재가 어디 있다고?'

당시에 깨닫지 못했지만, 기업들이 서로 다른 말로 설명하던 인재상의 핵심은 결국 그릿이었다. 수학을 전공한 성장미는 경영학을 복수전공하며 HR을 처음 접했다. 수학은 점수에 맞춰 선택한 전공일 뿐이었는데, 사람과 조직을 다루는 HR 수업에 강한 학문적 매력을 느꼈다.

이후 HR 직무를 목표로 다양한 경험을 쌓았다. 대학 연수원 행정실에서의 근로 장학생 경험을 통해 교육 운영과 사람들과 소통하는 방법을 배웠고, 대학교 기숙사에서 사감 아르바이트를 하며 집단을 책임지는 역할도 경험했다. 이 모든 과정은 사람을 이해하고 조직을 운영하는 일과 맞닿아 있었다. 몇 번의 실패를 경험하긴 했지만 TND코리아에 입사했고, 지금도 성장 중이다.

어느 주말, 성장미는 여러 기업의 인재상을 다시 살펴보다가 한 가지를 발견했다. 기업들이 강조하는 인재상은 그릿과 통하는데, '그릿'이라는 단어를 사용하는 곳은 어디에도 없었다. 월요일이 되자마자 한수정에게 물었다.

"상무님, 주말에 우연히 기업들의 인재상을 찾아봤는데, '그릿'이라는 단어는 없더라고요."

“단어만 없을 뿐, 결국 대부분의 조직은 그릿, 특히 워크그릿이 있는 열정적인 인재를 원해요. 기업들이 강조하는 ‘실패를 두려워하지 않는 인재’ ‘도전하는 자세’ ‘문제해결 능력’ 모두 결국 그릿이에요.”

“그럼 면접에서는 그릿을 어떻게 발견하시나요?”

“성공 경험만을 보지 않아요. 끝까지, 끈기 있게 시도했는지를 봅니다. 실패했더라도 포기하지 않았는지, 그 과정을 어떻게 견뎠는지가 중요해요. 그 과정을 참아냈다면 바로 그릿이 있다고 판단할 수 있는 거죠.”

“생각해 보니 상무님께서 모든 지원자에게 공통된 질문으로 ‘한 가지를 계속해 본 경험이 있냐’고 물으셨어요.”

“장미 씨, 사진 편집을 잘하고 싶어서 여러 방법을 동원해 배우고, 밤낮으로 연습하고 실력을 다듬었다고 했죠. 저는 그 답변에서 성장미 씨의 그릿을 봤어요.”

“그 정도의 경험은 누구나 다 있지 않나요?”

“목표를 위해 시간과 에너지를 들여 끝까지 파고드는 모습에서 그릿을 발견한 거예요. 그런 사람은 회사에서도 결국 해내거든요.”

성장미는 그제야 알게 되었다. 기업이 찾던 인재상이란 특별한 사람이 아니라 끝까지 해보는 워크그릿을 갖춘 사람이라는 것을.

목표 달성 후, 필요한 것은 '다음 목표'

성장미는 입사 후 3개월의 수습을 거쳐 정직원이 되었다. 취업준비를 하던 시절의 목표는 '자신에게 맞는 적합한 기업'에 입사하는 것이었다. 이를 위해 스펙을 점검하고, 부족한 부분을 채우며, 지원 직무와의 적합성까지 치밀하게 고민해 왔다. 그리고 그 목표를 이루니 또 다른 문제가 생겼다. 목표를 달성하고 나자, 더 이상 바라보면서 달려갈 지점이 보이지 않았다. 허무함과 막연한 불안이 동시에 찾아왔다. 그 무렵 한수정과의 원온원 자리가 마련되어 있었다.

"일은 좀 어때요? 아직까지는 업무를 잘 해내고 있는 것 같은데요."

"네 상무님. 부서 이동이나 추가로 해야 하는 업무가 생긴다면 얼마든지 이야기해 주세요. 그런데 개인적으로 고민이 되는 부분이 있습니다. 취업만 보고 달려오다가 목표를 이루니 이제 무엇을 해야 할지 모르겠습니다. 목표를 이뤘으니 성공한 인생일까요? 뭔가 불안하고 허무한 느낌이 듭니다."

"첫 목표 이룬 것 축하해요. 이제 두 번째 목표를 세우면 되겠네요."

"첫 번째도 어려웠는데, 다음 목표를 또 세워야 하나요?"

"불안하다는 건 지금 바라보는 목표가 없다는 신호 아닐까요. 목표가 사라지면 방향도 흐려지거든요."

한수정은 목표에는 정답이 없다고 말하며 일과 무관한 개인적 목표도 가능하지만, 동시에 일과 연결된 목표 역시 필요하다고 덧붙였다. 당장의 과업을 안정적으로 수행하는 목표, 직무 전문성을 키우는 목표, 혹은 중장기적인 경력 목표까지 모두 가능하다고 했다. 그 말을 듣던 성장미는 조심스럽게 자신의 바람을 꺼냈다.

"상무님. 제가 현재 교육을 기획하고 운영하는 업무를 담당하고 있는데요. 급여나 채용, 배치 같은 인적자원관리(HRM) 업무도 경험해 보고 싶습니다. HR 전반을 알아야 제 적성도 찾고, 역량도 분명해질 것 같아서요. 개발(development) 업무뿐만 아니라 관리(management) 업무도 배우고 싶습니다."

마침 HRM과 HRD의 접점에서 해결해야 할 과업이 있던 한수정은 성장미의 이러한 관심이 반가웠다.

"성장미 씨. 목표가 없다고 했는데, 이미 있는 것처럼 보이는걸요."

한수정은 성과평가의 기준 개선을 고민하고 있다며 그 구상을 성장미에게 공유했다. 지금의 평가 체계에서는 결과 중심의 지표가 강조되어 그 과정에서 이룬 도전과 시행착오는 고려되지 않는 경우가 많았기 때문이다. 그로 인해 직원들의 지속적인 동기부여가 약해질 수 있다는 점이 우려스러웠다. 한수정은 TND코리아의 구성원들이 업무 현장에서 얼마나 새로운 시도를 하고 있는지, 그 시도 속에서 무엇을 배우고 있는지를 기록하고, 공유하는 구조를 만들고 싶다고 말했다. 최근 사무실 이전으로 새로 마련된 캔틴 공간을 휴식처로도 사용하고, 업무 경험을 나누는 장으로 활용해 보자는 구체적인 아이디어까지 제안했다.

"우리 구성원들이 회고를 통해 정리된 경험을 나누고 서로의 시도와 재도전을 배우는 자리가 있었으면 해요. 평가 데이터와 학습 전환의 경험이 연결되고, 실패가 개인의 부담이 아니라 조직의 자산으로 전환되는 체계와 장이 필요할 것 같아요. 어떻게 생각해요?"

성장미가 조심스럽게 물었다.

"네, 상무님. 무슨 의도인지 이해됩니다. 그런데 이 업무는 HRD에 더 가까운 영역이라고 생각했는데요. HRM과도 연관이 있나요?"

한수정은 HRD와 HRM을 칼같이 구분할 수는 없다고 답했다. 사람을 채용하고 배치하고 평가하는 일은 분명 HRM의 기능이지만, 그 사람이 어떻게 성장하고 어떤 잠재력과 가능성을 지니고 있는지를 이해하는 관점은 HRD에서 출발한다는 설명이었다. 또 HRM의 의사결정이 HRD의 관점과 만날 때 조직은 더욱 건강하게 작동한다

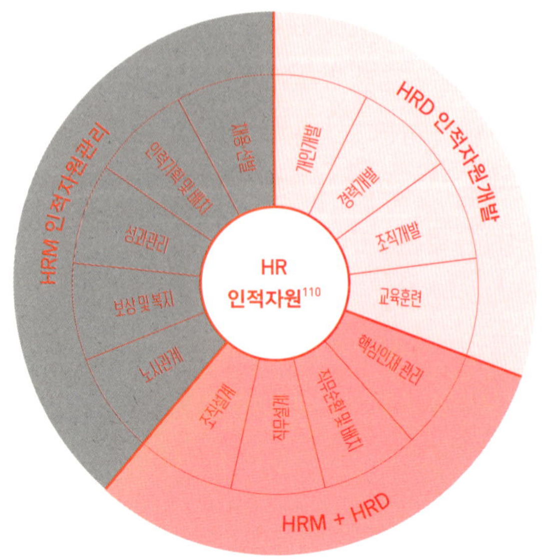

고도 덧붙였다. 도전과 시행착오를 단순한 리스크로 보지 않고 학습의 과정으로 해석할 수 있다면 인력 배치, 성과관리, 보상 체계까지 더 전략적으로 설계할 수 있다.

HR 담당자들이 구성원들과 오랜 시간 상호작용하며 성장 과정을 지켜보고, 무엇이 실제로 도움이 되는지 고민한다면 관리와 개발은 자연스럽게 하나의 흐름으로 이어질 수 있다는 것이다. 한수정은 캔틴이 단순한 휴식 공간을 넘어, 자기계발의 장이자 서로를 이해하고 공감하는 공간으로 자리 잡기를 바라고 있었다.

"특히 장미 씨가 캔틴에서 구성원들의 업무 시행착오 사례를 정기적으로 공유하는 기획을 주도해 주세요. 일회성 이벤트보다는 조직

문화로 자리 잡을 수 있는 측면을 고민해 보면 좋겠습니다. 그리고 성과평가 항목에 도전과 시행착오를 반영하는 방법에 대해서는 국내외 기업들의 사례를 정리해 볼 수 있을까요?”

성장미는 이번 과업이 쉽지 않으리라는 것을 알고 있다. 고려해야 할 요소가 많았고, 제도와 문화의 균형도 함께 고민해야 했다. 그럼에도 한수정이 함께 고민하고 방향을 잡아줄 것이라는 믿음이 있었다.

⧗ ⧗ ⧗

한수정이 새로운 과업을 맡긴 지 일주일쯤 지났을 무렵, 성장미는 원온원에서 불안감을 털어놓았다.

“상무님, 지난번에 맡기신 기획 업무 말인데요. 어디서부터 시작해야 할지 막막합니다. 사원인 제 제안을 선배들이 신뢰해 줄지도 걱정되고요.”

“처음 기획을 맡으면 다 그래요. 이 방법이 맞는지, 괜히 나서는 건 아닌지 계속 의심하게 되죠.”

한수정은 고속도로 노면 색깔 유도선 사례를 꺼냈다. 교차로 사고를 줄이라는 지시를 받고 막막해하던 한 도로공사 직원이, 아이들이 바닥에 색색들이 칠하며 노는 모습을 보고 아이디어를 떠올렸다는 이야기다. 색으로 길을 구분하면 헷갈리지 않을 거라는 단순한 발상이었다. 처음에는 규정 위반이라는 이유로 반대 의견이 많았지만, 그 의견을 모두 정리해 보고했고, 일단 해보자는 상사의 말에 이 프로젝트는 시작되었다. 실패하더라도 책임을 묻지 않는 적극행정 면책 제도 덕분이기도 했다. 민원과 현장의 불만이 쏟아졌지만, 사고율이 눈에 띄게 줄었고, 그 방식은 전국으로 확산되었다. 이 이야기를 들은 성장미는 깨달은 듯 고개를 끄덕였다.

"시도하지 않았다면 결과도 없었겠네요."

"맞아요. 중요한 건 처음부터 완벽한 기획이 아니라 문제를 해결하겠다는 방향을 분명히 잡는 거에요. 반대 의견이 나올 때일수록 혼자 책임지려 하기보다, 사람들과 적극적으로 공유하면서 함께 풀어가는 게 더 좋은 방식이고요."

한수정은 말을 이어갔다.

"성장미 사원 혼자 결정하는 게 아니에요. 팀이 있고, 또 제가 있어요. 제안은 마음껏 해보세요. 다듬고 책임지는 건 함께하는 겁니다."

성장미는 여전히 두려웠지만, 조금은 숨이 트이는 기분이 들었다. 불안이 사라진 건 아니었지만 시작해도 괜찮다는 허락을 받은 느낌이었다. 그래서 완벽하지 않아도 일단 시작해 보기로 했다.

난이도 조절로 그릿을 향상시켜라

성장미는 오전에 한수정으로부터 담당 업무 리스트를 정리해 오라는 연락을 받았다. 정리한 리스트 인쇄물을 들고 한수정의 방을 두드렸다.

"네, 들어오세요."

"상무님. 요청하신 업무 리스트 정리해 왔습니다."

"고마워요. 업무 조정을 좀 하려고요. 빈도는 낮지만 비중이 크고, 연속성이 없는 업무를 살펴보고 있어요."

성장미는 잠시 생각하다가 말했다.

"런치 타임 토크쇼가 그런 것 같습니다. 운영 지원 정도지만, 챙길 게 많고 참여 인원도 적지 않아서 신경을 꽤 써야 합니다."

"저도 그렇게 보고 있었어요. 그래서 그 업무는 나태한 차장에게 맡기려고 합니다. 차장님이 다시 활력을 찾는 데 도움이 될 것 같아요. 그동안 쌓은 운영 노하우를 잘 인계해 주세요. 그리고 성장미 씨는 원했던 HRM 업무를 본격적으로 경험할 수 있게 기회를 만들어 볼까 해요."

기대와 함께 부담이 동시에 밀려왔다.

"업무 인수 인계서는 한눈에 파악할 수 있게 파워포인트로 정리해 주면 좋겠어요."

"파워포인트요…?"

요즘 세대답지 않게 파워포인트 사용이 익숙하지 않은 성장미는 순간 마음이 철렁 내려앉았다. 대학 시절에도 문서 작업에 대한 부담이 커 늘 발표를 맡았지, 자료는 다른 팀원이 만들었다. 하지만 '못 하겠다'는 말이 나오지 않았다. 그런데 다음날 한수정은 《파워포인트 처음부터 시작하기》 책을 건넸다. 한수정은 성장미의 이런 사정을 이미 간파하고 있었다.

"면접 때 파워포인트 작업에 부담을 느낀다고 했던 말 기억해요. 이번 기회에 한번 배워보죠. 나 차장님도 이 업무가 처음이라, 한 장짜리 문서보다는 구조가 보이는 자료가 필요해요. 두 가지만 기억하세요. 가장 중요한 건 가치 있는 콘텐츠와 가독성입니다. 만들고 나면 제가 먼저 볼게요."

한수정의 친절한 격려에 성장미는 도전을 결심했다. 여전히 두렵지만 도망치고 싶지 않았다. 대학 시절 포토샵을 독학하던 때처럼, 토익 점수를 올리기 위해 몰입했던 때처럼 이번에도 해보기로 했다. 익숙한 단축키가 통할 때도 있었고, 전혀 다르게 작동해 혼자 머리를 쥐어박는 순간도 있었지만 조금씩 감을 잡아 나갔다.

'이번에도 끝까지 해보자.'

실수를 정면 돌파하는 일

성장미는 피플팀에서 다양한 업무를 경험하며 성장해 가고 있었다. 담당자의 출산휴가로 3개월간 급여 업무를 맡게 된 것도 그런 맥락이었다. 급여는 민감한 업무다. 모든 직원은 연봉과 관련한 비밀 유지에 서약하며, 동료 간에도 정확한 급여를 알지 못한다.

문제는 급여 테이블을 전달하는 과정에서 발생했다. 성장미는 실수로 전 직원을 참조에 넣어 메일을 발송했다. '보내기'를 누르는 순간 실수를 깨달았지만 이미 늦은 상태. 메일을 회수했을 때는 이미 상당수의 직원이 메일을 열어본 뒤였다. 전화가 끊임없이 울렸지만

업무 난이도 조절하며 그릿을 키우는 방법

• 팀원의 업무 경험을 고려한 업무 배분

- 해당 업무를 이전에 충분히 경험해 본 적이 있는지 살펴본다.
- 반복적으로 수행해 온 업무인지, 아니면 상대적으로 경험이 적은 업무인지에 따라 난이도를 조절해야 한다.
- 현재 업무와 비교해 지금의 업무가 어느 수준에 해당하는지 점검한다. 현재보다 약간 높은 수준이어야 그릿을 키우는 데 적합하다.
- 동일한 업무라도 개인의 경험과 숙련도에 따라 체감 난이도가 다르다. 현재 업무의 인식을 살펴봐야 한다.

• 팀원의 개인 상황을 고려한 업무 배분

- 해당 업무에 대한 경험이 없는 경우, 새로운 경험의 기회로 삼아 업무 영역을 확장할 수 있도록 돕는다.
- 업무 수행에 필요한 역량이 부족하다면, 그 부분을 파악해 멘토링이나 교육 등 역량 향상의 기회를 제공한다.
- 현재 업무로 인해 물리적 여유가 없는 상황인지 살펴본다. 이는 개인의 역량 문제인지, 시스템상의 문제인지 혹은 시간관리의 문제인지 구분해 볼 필요가 있다.
- 개인적인 어려움이 있다면 원온원을 통해 가족, 건강 등 사적인 상황을 함께 점검해 볼 수 있다.

성장미는 아무것도 할 수 없었다. 잠시 모른 척하고 싶은 마음도 스쳤다. 직장인 익명 게시판에는 이미 성장미의 실수를 질책하는 글이 올라왔다.

우리 회사 연봉 테이블 강제 공개됨. 현타 제대로 오네.

메일 로그인 했는데, 피플팀 직원이 보낸 메일 발견.

"이번 달 급여 테이블입니다."

뭐지 하고 눌렀는데 상무한테 보내는 메일이었음.

신입이 잘못 보낸 듯.

충격적인 사실은 나랑 직급 같은데 일 진짜 안 하는 애가 나보다 연봉 높음.

너무 열 받아. 내가 일을 얼마나 열심히 하는데.

내가 이런 대접을 받는다는 것에 정말 화가 난다. 책상 엎을까?

나 말리지 마라. 오늘부터 이직 준비한다.

ㄴ 대박 사건

ㄴ 그 직원 어떡해. 그냥 못 본 척해주지

ㄴ 아무도 안 말림. 다니기 싫으면 탈출하든지

ㄴ ㅋㅋㅋㅋㅋㅋ

ㄴ 그 직원 퇴사 각이네

ㄴ 그래서 어떻게 됨? 회사에서 가만히 있음?

ㄴ 와, 나 같아도 열받을 듯

곧 한수정이 직접 찾아왔다. 성장미는 두려움에 휩싸여 변명부터 늘어놓았다. 그러나 한수정은 침착하게 말했다.

"괜찮아요. 하지만 이번 건은 민감한 일이니 솔직하고 정확하게 사과해야 해요. 내가 같이 가줄게요. 대화로 풀어보자고요. 겁먹지 말고, 매듭지으러 갑시다."

두 사람은 7층과 8층 사무실을 돌며 직원들을 직접 찾아갔다. 벌써 소문이 퍼졌는지 성장미가 지나가는 모습을 많은 직원들이 힐끔힐끔 쳐다보기도 했다. 성장미는 자신의 실수를 인정하고 사과했다. 목소리는 떨렸고 몸은 굳어 있었지만 끝까지 책임을 회피하지 않았다. 일부 직원은 흥분한 모습을 보이기도 했고, 몇몇은 성장미를 안쓰러워하기도 했다. 대다수의 직원은 성장미의 진심이 담긴 사과와 인정하는 모습에 더 이상 일을 키우지 않았다.

한수정이 구성원들에게 이렇게 덧붙였다.

"열심히 하려다 생긴 실수로 이해해 주시면 좋겠습니다. 다만 개인별 임금과 관련하여 다양한 사유로 마음 상한 구성원분들이 있을 거로 생각합니다. 저와 각 팀의 리더에게 직접 말씀해 주세요. 다방면으로 논의하며 충분히 이야기 나누겠습니다."

신입사원의 실수 앞에 리더가 함께 책임지는 모습을 보며, 구성원들은 오히려 조직에 대한 신뢰를 느끼게 되었다. 구석구석 모두에게 사과를 마친 뒤 두 사람은 한수정의 사무실로 향했다.

"무슨 실수를 했는지 다 아는 것 같아 더 이상 말 안 할게요. 사과하기 두려웠을 텐데 책임지는 모습 보여줘서 고마워요. 누구나 실수할 수 있어요. 이번 일로 더 성숙해지리라 믿어요."

성장미는 인생을 살면서 가장 무서웠던 순간을 말하라면 망설임 없이 이 사건을 말할 것이다. 또 리더십에 가장 큰 감동을 받은 날을 묻는다면 그것도 지금 이 사건이다. 문제를 외면하지 않고 끝까지

문제를 해결하는 방법

누구나 열심히 일을 하려다가 예상하지 못한 문제 상황을 맞닥뜨리게 된다. 그 원인에는 역량의 한계, 판단 착오, 실수, 의사소통 오류, 동기 저하 등 다양한 요인이 작용한다. 문제가 발생하면 본능적으로 이를 피하고 싶은 마음이 든다. 그러나 그 경험을 단순한 실패로 남기기보다 학습과 성장의 계기로 받아들이고 문제를 해결하려는 태도가 필요하다. 사건을 회피하기 대신 성찰의 기회로 전환할 때 조직과 개인 모두 한 단계 성숙할 수 있다.

- 나의 최종목표를 다시 떠올린다.
- 현재 상황을 긍정적인 방향에서 의미를 찾는다.
- 지금 발생한 문제에 대해 실행 가능한 해결책을 빠르게 도출한다.
- 문제를 숨기지 않고 적절한 시점에 공유한다.
- 혼자 책임지려 하기보다, 함께 해결할 수 있는 구조로 옮긴다.

마주하는 태도, 혼자가 아니라는 경험은 성장미에게 또 한 번 그릿을 키우는 계기가 되었다. 이번 급여 소동으로 그릿은 결국 끝까지 문제를 해결해 나가려는 끈기라는 것을 온몸으로 배웠다.

성장미는 퇴근 후 동료들과 저녁을 먹고 헤어지던 길에 반대편 건

물에서 나오는 한수정을 보았다. 동료의 말로는 한수정이 퇴근 후에
는 발레를, 주말에는 딸과 함께 바이올린 레슨을 받는다고 한다. 다
음 날 아침, 캔틴에서 커피를 내리는 한수정에게 성장미가 말을 걸
었다. 발레를 배우고 있다는 이야기가 사실인지 묻자 한수정은 웃으
며 고개를 끄덕였다.

"일에서는 그릿이 어느 정도 있다고 생각하는데, 발레는 해보지 않
았던 거라 몸이 생각처럼 움직이지 않아요. 그래도 어제보다 나아지
려고 애쓰는 제 모습을 보며 희열을 느껴요. 일에서 그릿에 대한 감이
안 잡힌다면, 몸을 쓰는 데에서 느껴봐도 좋을 것 같아서요."

결국 성장미는 집 근처 성인 발레 학원에 등록했다. 이유는 단순
했다. 한수정이 어떤 삶을 살아왔는지, 무엇이 그를 움직이게 했는지
몸으로 체득하고 싶었기 때문이다. 한수정이 자신의 롤모델인 강수
진을 보고 발레를 시작했듯, 성장미도 자신의 롤모델인 한수정에 대
해 알고 싶었다.

앙바(en bas), 앙아방(en avant), 앙오(en haut), 포인(pointe)…. 낯선 용어
와 동작에 50분 동안의 수업이 끝날 즈음에는 온몸이 땀으로 젖어
있었다. 며칠간 근육통도 앓았다.

출근길에 한수정을 만난 성장미는 발레가 생각보다 너무 힘들다
고 투덜댔다.

"무대 위는 우아하지만 그 뒤에는 엄청난 훈련이 있어요. 저도 처

음 1년은 정말 힘들어서 고생했죠. 그래도 조금만 더, 이 고비를 한 번만 더 넘기자고 생각하며 여기까지 왔고요. 우아한 백조가 물밑에서는 피나는 노력을 하고 있잖아요. 무대 위에서는 굉장히 우아하지만, 훈련하는 과정의 강도가 엄청나답니다.”

“그런데도 계속하는 이유가 궁금해요.”

“더 올바르게, 더 멋진 자세를 위해서 계속 연습하는 거예요. 저는 업무도 이렇게 해야 한다고 생각해요. 올바른 방향으로 나아가는 거죠. 몸만 배신을 하지 않는 게 아니라, 저는 그릿도 배신하지 않는다고 생각해요. 하다 보면 노하우가 생기고 단단해져요.”

⌛ ⌛ ⌛

시간이 흘러 성장미의 발레 수업은 어느새 여덟 번째를 맞았다. 일주일에 한 번, 벌써 두 달이 지났다. 여전히 어렵고 낯설지만, 반복 속에서 몸이 조금씩 동작을 기억한다. 이번 달까지만 할까 하는 생각이 들 때마다 발레 선생님의 코칭이 이어진다.

“회원님! 무릎 근육이 올라가도록 다리에 힘을 더 주고 까치발로 서볼게요. 더 힘껏 뛰어야 해요. 지금 너무 좋아요.”

그 말에 성장미는 조금씩 한계를 뛰어 넘는다. 그 순간, 투덜대던 나태한 차장이 떠오른다.

‘한 상무님은 자꾸 새로운 일을 시키는데, 뭐만 하면 잘한다고 하잖아요. 조금만 더 해보라는데 왠지 그 말에 책임을 져야 할 것만 같단 말이죠. 그리고 정말 내가 그런 사람이 된 듯한 약간의 착각도 들고요. 조금 더 노력해서 어려운 상황을 해결하려는 의지가 생기더라고요.'

발레를 배우는 과정은 업무를 익혀가는 과정과 닮았다. 처음엔 낯설고 어렵지만 반복과 피드백을 통해 몸이 점점 동작을 기억한다. 새로운 프로그램을 익히며 성장미가 느꼈던 변화도 같았다. 한수정의 피드백과 격려는 성장미를 한발 더 나아가게 만든 게 분명했다.

집으로 돌아온 성장미는 침대에 누웠다. 머리맡에는 A4 용지에 적어둔 목표가 붙어 있다.

'모두가 행복한 일터 만들기'

모두가 행복한 일터란 무엇인지 그 의미를 완전히 설명할 수는 없지만, 성장미는 그런 조직을 만들고 싶다. 워크그릿이 꿈틀거리는 소리가 들린다.

흥미와 실수가 만드는 워크그릿 성장 곡선

나태한과 한수정은 회의실에 마주 앉아 있다. 한수정은 나태한의 그릿을 키우기 위해 업무 범위를 단계적으로 넓혀가는 중이다. 책임감을 키우고, 런치 타임 토크쇼를 통해 교육 설계의 기본 역량을 쌓게 한 뒤에 새로운 교육 업무를 하나 더 맡길 계획이다.

"이번 주 임원 회의에서 전사 차원으로 면접관 교육을 신설해 보기로 결정했습니다. 성장미 사원과 같이 기획안을 만들어 보세요."

"네. 알겠습니다…."

회의실을 나온 나태한은 곧바로 성장미를 불렀다.

"상무님이 면접관 교육 기획안을 만들어 보라네요."

"면접관 교육이요? L기업에서 한다는 기사는 봤는데요. 그런데 우리는 채용이 많지도 않은데요?"

"다들 하니까 하는 거죠. 일단 수요일에 다시 이야기합시다. 그때까지 자료 좀 찾아서 적당히 만들어 봐요."

성장미가 질문하려 하자, 나태한은 말을 끊어버린다.

"저도 잘 몰라요. 일단 자료부터 만들어서 다시 이야기 나눠요."

일을 정확히 이해하고 싶은 성장미는 한수정에게 원온원을 요청했다. 여러 차례의 원온원을 통해 쌓인 신뢰 덕분에 한수정에게 심리적 안전감을 느낄 정도였다. 한수정도 망설임 없이 원온원 요청에 응했다.

"상무님. 면접관 교육을 계획하신 이유가 궁금합니다."

"좋은 질문이에요. 면접관들이 편견 없이 투명하게 채용을 진행하고, 적합한 인재를 선발할 역량을 키우기 위해서예요. 육성도 중요하지만, 채용부터 탄탄하게 하면 조직의 미래가 달라지죠. 면접관 교육은 HR의 중요한 역할이에요. 성장미 사원이 지금 회사의 미래와 맞닿은 일을 하게 된 거죠. 우리 회사의 미래를 결정짓는."

"그럼 무엇부터 하면 좋을까요?"

"타사 사례부터 살펴보세요. 신뢰할 수 있는 자료나 검증된 기사부터 봐도 좋고요. 제가 정리해 둔 자료를 먼저 읽어보면 도움이 될 거예요."

잠시 머뭇거리던 성장미는 솔직한 마음을 털어놓았다.

"나 차장님께서 잘 모르는 업무를 막무가내로 시키는 것 같아 막막했어요. 그러니 동기부여도 잘 안되고요."

"처음이라 그럴 수 있어요. 그래도 두 분이 함께 좋은 결과를 만들 거라 믿어요. 훌륭한 기획안 기대할게요."

원온원을 마치고 나온 성장미는 막연했던 일이 조금씩 선명해지는 것을 느꼈다. 나태한의 지시 방식이 아쉽기는 했지만, 한수정의 말대로 자신이 보탤 수 있는 부분이 보이기 시작했다. 잘 모르는 영역이기에 오히려 해볼 수 있는 일이 많았다. 성장미 안에서 조용히 그릿이 발동하고 있었다.

성장미는 아침에 일어나 출근해서 해야 할 일을 떠올렸다. 오후 2시, 한수정과 회사 앞 새로 생긴 카페에서 정기 원온원을 하기로 한 날이었다. 회사 건물 밖에서 하는 원온원은 늘 더 편안하게 느껴진다. 면접관 교육 기획안은 어느 정도 초안이 완성됐고, 요즘 생긴 새

스스로 워크그릿을 발휘하는 방법

• 업무를 학습으로 인식하기

조직에서는 목표달성을 위해 업무를 수행하지만 그 과정에서 학습도 동시에 일어난다. 새로운 업무를 맡지 않으면 새로운 트렌드를 익히거나 역량을 키울 기회도 줄어든다. 보고서를 더 정성 들여 쓰는 일, 업무 툴을 능숙하게 다루려는 노력, 동료를 응원하는 행동 모두 목표를 향한 과정이자 학습이다. 이 순간에도 나와 동료가 배우고 있음을 인식할 때 워크그릿은 더 진지하게 발휘된다.

• 상사에게 피드포워드 요청하기

업무를 제대로 이해하고 있는지 상사에게 적극적으로 피드포워드(feedforward)*를 요청해야 한다. 과업 완료 후 피드백(feedback)도 중요하지만, 업무 시작 전과 진행 중에 방향을 점검받는 것이 효과적인 경우도 있다. '회의 전에 조언받을 수 있을까요?' '제대로 준비하고 있는지 확인하고 싶습니다'와 같은 질문은 업무 몰입도를 높인다.

로운 고민도 물어볼 생각이었다.

카페에 마주 앉자 한수정이 먼저 물었다.

"요즘 업무에 좀 익숙해진 것 같아요?"

---

*   현재까지의 업무 진행상황을 보고하고 피드백을 받는 행위. 피드백을 바탕으로 다음 수행의 방향을 조금 더 명확히 하고자 하는 목적을 지닌다. 잘잘못을 평가받는 자리가 아닌, 앞으로의 행동과 성장을 돕기 위해 제공되는 미래지향적 피드백 방식이다.

“네. 많이 배우고 있습니다. 면접관 교육 자료를 준비하다 한 가지 생각이 떠올랐는데요. 요즘 Z세대 유입이 많은데 그들을 고려한 접근이 필요하지 않을까요?”

성장미는 한수정에게 Z세대는 더 이상 대기업만을 선호하지 않고, 형식적인 자기소개서도 영향력이 약해졌으며, 채용 과정뿐 아니라 SNS를 통한 지속적인 기업 이미지 관리가 중요해졌다고 설명한다. 즉 단발성 채용이 아니라 장기적인 브랜딩이 필요하다는 이야기였다.

“회사의 미래와 연결된 일이라고 하신 말씀이 계속 마음에 남았습니다. 저는 그런 일을 하고 싶은 사람이더라고요. 많은 지원자가 우리 회사를 진심으로 애정해서 지원하는 그런 일을 만들어 보고 싶습니다.”

“그럼 지금 업무에 무리가 되지 않는 선에서 Z세대에게 회사를 어필할 방안을 기획해 볼래요?”

“네. 꼭 해보고 싶습니다.”

성장미는 아이디어가 사라지기 전에 메모를 시작했다. 그러다 문득 주말에 다녀온 SNS에서 유명한 카페를 떠올렸다. 사장이 빵을 배우고, 실패하고, 다시 시도하는 과정을 꾸준히 공유하며 팬을 만든 곳이었다. 성장미는 Z세대에게 필요한 건 ‘완성된 결과’보다 ‘진정성 있는 과정’이라는 것을 확신했다.

며칠 뒤, 성장미는 아이디어를 정리해 한수정에게 공유했다.

"상무님, 우리 구성원들의 일상을 회사 SNS에 올려서 임플로이언서(employencer)* 역할을 해보고 싶습니다."

"임플로이언서요?"

"직원과 인플루언서의 합성어인데요. 직원이 회사의 일상을 직접 공유하는 방식이에요. 면접은 이제 회사도 평가받는 자리잖아요. SNS를 통해 우리 회사의 이야기를 미리 보여주면 면접관 교육도 시너지가 날 것 같습니다."

"좋습니다. 나날이 성장미 사원의 워크그릿이 더욱 높아지는 것 같아요. 해봅시다."

---

* 직원(employee)과 인플루언서(influencer)를 결합한 신조어. 직원이 직접 브랜드 홍보 콘텐츠를 만들고 SNS에 출연하여 소비자에게 제품이나 기업 문화를 알리는 전략이다.

성장미는 지원자의 시선에서 채용을 다시 바라보고 있었다. 한수정의 믿음만큼이나 성장미는 일에 흥미와 그릿을 기르며 성장하고 있었다. 성장미 역시 본인의 그릿이 발휘될 수 있는 이 조직이 참 좋다고 생각했다. 신입사원이 제안하는 기획에 가능성을 열어두는 상사와 주저하지 않고 아이디어를 꺼내는 구성원이 만나 조직의 그릿은 조금씩 자라고 있었다.

⧗ ⧗ ⧗

한 사람의 워크그릿이 높으면 그는 자신이 맡은 일을 끈질기게 해낼 수 있다. 워크그릿을 지닌 사람이 여럿 있다면 팀은 시너지 효과를 내 어려운 과업도 기꺼이 수행할 수 있다. 한수정은 개인의 워크그릿만큼이나 팀 차원의 워크그릿을 중요하게 여긴다. 어느 날, 성장미와 식사를 하던 중 홍보팀에서 새로 오픈한 SNS 계정이 온라인에서 큰 반응을 얻고 있다는 이야기가 나왔다.

"상무님 그냥 잘 된 정도가 아니에요. 완전 핫해요. 사회 뉴스에까지 나왔어요. 신규 문의가 쏟아지고 있다더라고요. 광고주가 오후에 간식도 잔뜩 보냈다던데요."

"이유가 뭔가요?"

"홍보팀에 신입사원이 한 명 들어왔는데, 에너지가 장난 아니에요. 상무님도 아시죠?"

"그럼요. 제가 면접 봐서 알고 있어요. 식당에서 무지개색 옷 입고

생일파티 주최해서 떠들썩하기도 했죠. 면접 볼 때부터 에너지가 넘치는 친구라고 생각했어요."

"그 팀 원래 분위기가 좋긴 했대요, 상무님. 예전에 SNS 개인정보 이슈 터졌을 때는 다른 팀에서 안 좋은 소리를 듣긴 했지만요."

"이벤트 당첨자 공지하면서 연락처 공개됐던 사건이죠?"

"네. 웃고 떠들더니 결국 사고 쳤다고요."

"그런 말이 나올 수는 있지만, 중요한 건 그다음이에요. 그 팀은 바로 멘탈을 잡고 문제를 수습한 거로 알아요. 만약 팀장이 '네가 책임져야 한다'고 했으면 제대로 일을 처리할 수 있었을까요?"

성장미는 씁쓸하게 웃었다

"저 같았으면 화장실 가서 울었을 것 같아요. 연봉 테이블 공개했던 제 사건이 떠오르네요."

"그때도 성장미 씨는 도망치지 않았어요. 사과했고, 배웠고, 책임을 다했죠. 그거로 충분해요."

한수정은 이어서 홍보팀의 뒷이야기를 들려주었다. 사고 직후, 팀원들은 포스트잇을 들고 사고를 낸 직원의 책상으로 몰려갔다는 것이다.

"처음엔 잘못을 적나 했어요. 그런데 전부 격려의 말이었죠. 괜찮다, 같이 해결하자."

팀원들은 미리 약속한 듯 동시에 포스트잇을 붙였고, 하나씩 읽다 결국 울음을 터트렸다. 팀장은 말없이 그를 안아줄 뿐이었다.

"하지만 특별한 이야기는 아니에요. 이런 문화는 어디서든 만들 수 있어요."

그릿한 조직문화 만들기

부서마다 중요하게 여기는 가치가 다르다. 회사의 살림을 책임지며 비용을 관리하는 회계팀, 조직문화를 돌보고 구성원의 성장을 지원하는 교육팀, 고객의 니즈를 읽어 홍보와 마케팅 전략을 세우는 홍보팀, 매출 창출이 최우선 과제인 영업팀까지. 업무의 성격에 따라 각 팀이 추구하는 방향은 분명히 구분된다. 여기에 더해, 조직과 팀의 문화 역시 다르다.[111] 하지만 그릿이 높은 사람들이 모인 조직은 공통적인 특징을 보인다. 최선과 완성도를 자연스럽게 추구하고, 지식을 적극적으로 공유하며, 새로운 시도와 혁신이 이어진다.[112] 그래서 그릿하게 업무를 하는 조직문화를 만드는 것이 무엇보다 중요하다. 다음은 그릿한 조직문화를 형성하는 데 도움이 되는 방법이다.

- 팀원의 작은 성취를 자주 조명하는 것이 좋다. 크고 구체적인 성과뿐 아니라 일상의 작은 성과도 의미 있게 다룰 때 구성원은 지속적인 동기를 얻는다. 작은 성취를 만든 구성원을 격려할수록 조직의 에너지도 살아난다.

- 실패로 끝난 도전을 격려한다. 그 과정과 시도를 공유하는 자리를 정기적으로 마련하면 실패의 경험은 조직의 자산이 된다. 무엇이 의미 있었는지 충분히 논의하고, 책임자를 격려하는 분위기는 다음 시도를 가능하게 한다.

- 시간이 오래 걸려도 기다리는 자세가 필요하다. 한 사람이 맡는 일에는 짧은 시간에 처리할 수 있는 업무와 장시간 소요되는 업무가 공존한다. 시간이 걸리는 일을 믿고 기다려 주는 문화는 구성원이 더 자유롭고 더 그릿하게 일할 수 있는 토대가 된다.

- 모든 상황에 생산적으로 반응하는 태도다. 어떤 결과가 나오든 다음 단계로 나아가기 위한 해석과 대화가 이어질 때 조직은 성장한다. 감사의 표현을 바탕으로 더 나은 결과를 함께 만들어 가려는 태도를 유지해야 한다.

그날 홍보팀의 모든 팀원이 야근하며 문제를 수습했다. 누구도 남의 일이라 말하지 않았고, 책임자를 탓하지도 않았다. 각자의 경계를 내려놓고 함께 해결해야 할 일로 받아들였다. 동료가 곁에 있다는 감각은 실수한 사람에게 다시 시도할 용기를 준다. 그 지지는 곧 다음 도전을 향한 발판이 된다. 워크그릿을 가진 구성원이 모인 조직이라면 말이다.

주어진 일을 넘어서, 잡크래프팅과 워크그릿

성장미가 이로운을 가장 높게 평가하는 부분은 바로 일을 만들어서 한다는 점이다. 게다가 조직에서 동료들과의 관계도 좋았다. 어쩌면 저렇게 회사생활을 잘 해낼 수 있을까. 성장미는 늘 궁금했고, 한편으로는 부러웠다.

"로운 씨는 늘 바빠 보이는데도 표정이 좋아요. 회사생활 만족도를 점수로 매기면 몇 점이에요?"

"회사 일이 재밌어요. 다만 이 회사에 들어오는 것 자체가 최종 목표는 아니었어요. 언젠가는 제 사업을 해보고 싶거든요. 그래서 조직에 있는 동안 최대한 많은 경험을 해보고 싶기도 하고요. 그러니 모든 일을 적극적으로 하게 되더라고요. 모든 업무를 경험해 보고 싶은 욕심과 미래의 목표가 있으니 타 팀과의 관계 역시 긍정적으로 맺으려고 노력도 많이 하고요."

"파이어족이 되고 싶은 거예요?"

"아니요. 굳이 설명하자면, 잡크래프팅이라고 생각해요."

잡크래프팅은 업무나 관계, 자기 생각 등을 새롭게 만들어 나가는 것을 의미하는데, 이로운은 기존의 방식보다 더 나은 게 떠오르면 새로운 시도를 하고, 자신이 맡은 일이 아니더라도 배울 게 있다면 기꺼이 나선다고 말했다. 그 행동이 자신에 대해 적극적으로 성찰해 보는 계기가 되고, 일을 적극적으로 하게 된다는 것이다.

"조직 안에서 저에게 주어지는 일은 결국 제 일이라고 생각해요. 어떤 경험이 어떻게 이어질지는 아무도 모르잖아요. 그리고 분명히 배우는 것도 있을 거고요."

성장미는 업무를 새롭게 구성하는 개념은 이해가 됐지만 관계나 '나 자신'을 크래프팅한다는 말은 쉽게 와닿지 않았다. 이로운은 관계 역시 의도적으로 만들어 갈 수 있다고 설명했다. 업무 모임에 참여하고, 동료의 기쁨과 어려움에 반응하는 작은 행동 역시 관계를 형성하는 실천이라는 것이다. 또 일의 의미를 성찰하고 감사함을 느끼는 태도도 잡크래프팅의 한 부분이라고 덧붙였다.[113]

자기 일에 열정과 끈기가 있는 사람일수록 적극적으로 임할 것이고, 문제가 생기면 해결방법을 찾을 것이다. 또는 그동안의 수행방식을 수정할 수도 있고, 업무범위를 확장할 수도 있다. 이 외에도 주변 사람들의 도움을 받거나, 자신을 성찰하여 스스로를 변화시켜야 하는 경우도 있을 것이다. 이 모든 과정이 잡크래프팅이다.

잡크래프팅 진단

잡크래프팅(job crafting)이란 업무나 관계, 자신의 생각을 적극적으로 새롭게 하는 것을 말한다. 이러한 잡크래프팅은 개인의 적극성을 일에 발휘하는 것인데,[114] 워크그릿이 있는 사람들의 대표적인 특성이다.[115·116] 다음 잡크래프팅 진단[117]을 통해 자신의 잡크래프팅 수준을 알아보자.

번호	문항	1	2	3	4	5
1	업무를 더 잘하기 위해 새로운 과업 수행 방식을 시도한다.					
2	업무의 완성도를 높이기 위해 주어진 과업 범위와 방식을 변화시킨다.					
3	자신의 능력을 더욱 잘 활용할 수 있거나, 관심이 있는 새로운 과업을 담당한다.					
4	자신에게 주어지지 않은 추가 과업도 기꺼이 담당한다.					
5	자신의 능력이나 흥미에 맞는 과업을 우선 수행한다.					
6	일터에서 고객과 상사, 동료들과 잘 지내려고 노력한다.					
7	업무와 관련된 친목 모임을 주관하거나 적극 참여한다.					
8	일터에서 동료의 생일 파티와 같은 이벤트를 주도한다.					
9	공식적이든 비공식적이든, 새롭게 입사한 후배 직원의 멘토가 되어준다.					

10	일터에서 나와 비슷한 능력과 흥미를 가진 고객 및 상사, 동료들과 친밀한 관계를 맺는다.				
11	삶에서 직업의 의미가 무엇인지에 대해 생각한다.				
12	자신의 업무가 우리 회사의 성공을 위해 중요하다고 나 자신에게 상기시킨다.				
13	자신의 업무가 우리 사회의 발전을 위해 중요하다고 스스로에게 상기시킨다.				
14	자신의 업무가 삶에 어떤 긍정적인 영향을 미칠 수 있는지에 대해 생각한다.				
15	행복한 삶을 사는 데 자신의 직업이 어떤 역할을 하는지 성찰한다.				

61~75점: 잡크래프팅 수준이 보통 이상인 상태. 업무의 완성도를 높이고 주변과의 관계를 강화하기 위해 스스로 기회를 찾고 이를 실행에 옮기는 행동이 자주 관찰되는 집단. 이 점수구간에 속한 사람은 업무에 몰입하고, 직무성과를 도출하며, 혁신적인 업무행동을 수행하는 등의 모습을 보임.

45~60점: 자신의 업무를 잘 수행하기 위해 새로운 방법을 탐구하거나 시도하고, 일에서 만난 사람들과의 관계형성을 두려워하지 않는 수준. 적극적으로 자신의 업무 방식을 개선하려는 의지를 보이며 변화에 적응하려는 의지를 갖춤.

15~44점: 자신의 업무를 주어진 절차나 방식 내에서 수행하며, 일에서 만난 사람들과의 관계형성이나 발전적인 생각을 잘 하지 않는 수준. 새로운 시도를 주저하거나 현 상태에 안주하려는 경향이 일부 있음.

대화는 이로운의 과거 경험으로 이어졌다. 그는 군 제대 후 카페 레느에서 아르바이트를 한 적이 있었다. 그곳에서 그는 '열심히 한다'는 말의 진짜 의미를 배웠다. 가장 많이, 가장 오래 일하는 사람은 항상 한수정의 친구이자 레느의 사장 전은영이었다. 인대나 고관절에 무리가 갈 만큼의 육체적 고통 속에서도 작업을 멈추지 않는 모습을 보며, 명확한 목표가 사람을 얼마나 강하게 만드는지를 알게 되었다. 그 경험은 언젠가 자신의 브랜드를 운영하고 싶다는 꿈으로 이어졌다.

TND코리아에 입사한 후에도 이로운의 태도는 언제나 같았다. 회사에서 맡는 업무를 '목표를 향한 연습과정'으로 받아들이니 일은 늘 배움이 되었다. 실제로 그는 예산도 적고 회사의 주력 고객도 아닌 브랜드의 신제품 초콜릿 홍보 업무를 자청해 맡았다. 이 소식을 들은 나태한은 그가 실속 없는 일만 맡는다고 여겼지만, 성장미의 생각은 그 반대였다. 이로운은 조직이라는 안전한 울타리 안에서 미래를 위한 실험을 하는 셈이다.

바쁜 일정 속에서도 이로운은 힘들어 보이지 않았다. 대신 시간을 더 효율적으로 쓰기 위한 계획을 늘렸다. 그는 존경하는 인물로 피아니스트 임현정을 꼽곤 했다. 화려한 타이틀보다는 관습에 맞서 자신만의 해석을 끝까지 밀어붙인 태도에 끌렸다고 한다.

성장미는 그의 이야기를 들으며 한수정의 말을 떠올렸다.

'훌륭한 실력은 하루아침에 만들어지지 않는다.'

이로운 역시 목표를 바탕으로 일을 그릿하게 해온 삶을 살고 있었다.

긱워커의 시대, 일이 끊이질 않는 프리랜서의 그릿

런치 타임 토크쇼가 열리는 날이다. 나태한이 큰 실패를 겪은 이후, 그가 멘탈을 회복할 때까지 한수정이 직접 프로그램을 챙기고 있었다. 오늘의 강사는 한수정의 오랜 친구이자 현재 가장 바쁜 기업 강사로 꼽히는 윤이음 소장이다.

조직 안에서 커리어를 쌓아온 한수정에게 프리랜서로 활동하는 윤이음은 늘 존경의 대상이었다. 조직은 개인이 조금 부족해도 시스템과 동료의 힘으로 돌아간다. 그러나 프리랜서는 다르다. 예기치 않은 문제가 생겨 프로젝트가 흔들려도 대신 책임져 줄 사람이 없고, 모든 결과는 온전히 개인에게 돌아온다.

그중에서도 프로젝트 단위로 일하는 긱워커는 이러한 특성이 더욱 뚜렷하다. 단기 계약과 일회성 과업을 반복하며 일하는 만큼, 매 순간의 성과와 신뢰가 곧 다음 일로 이어진다. 그래서 오래 살아남는 프리랜서일수록, 특히 긱워커일수록 그릿이 높을 수밖에 없다.

"오늘은 윤이음 소장님의 셀프 브랜딩 강의입니다. 일곱 권의 책을 쓰신 작가이기도 합니다. 큰 박수 부탁드립니다."

강의가 시작되자 윤이음은 셀프 브랜딩의 정의부터 꺼냈다.

"아마존의 창업자 제프 베이조스는 이렇게 말했습니다. '당신의 브랜드는 당신이 없을 때 사람들이 당신에 대해 말하는 것이다.'"

교육을 듣던 한 직원이 질문했다.

"그럼 셀프 브랜딩은 결국 평판인가요?"

"그렇게 이해할 수도 있습니다. '저 사람은 적극적이다' '성실하다' '열정적이다' 같은 평판이 될 수 있죠. 반대로 부정적인 평판도 있을 수 있고요. 그런데 저는 HRD, 그중에서도 일터학습*을 연구해 왔습니다. 일터에서의 학습이 얼마나 중요한지, 어떤 방법을 적용해야 할지 등을 연구했어요. 세상은 너무 빠르게 변하고, 우리는 스스로 학습하지 않으면 살아남을 수 없습니다. 문제는 성인인 우리에게 아무도 공부하라고 시키지 않는다는 점이죠. 그래서 필요한 게 바로 그릿입니다."

윤이음은 그릿을 키우는 과정에서 자연스럽게 셀프 브랜딩이 만들어진다고 이야기했다.

"지난 런치 타임 토크쇼에서 워크그릿에 대해 다뤘다고 들었습니다. 워크그릿 점수가 높게 나왔던 분들, 손 들어볼까요?"

성장미와 이로운을 비롯해 몇 명이 손을 들었다.

"여러분은 이분들을 보며 어떤 이미지를 떠올렸나요?"

"로운 씨는 늘 열정적인 사람입니다. 매 업무에 긍정적으로 임하고요. 후배이지만 귀감이 많이 되는 팀원입니다."

"바로 그게 셀프 브랜딩입니다. 물론 브랜딩을 의도한 것은 아니었고, 열심히 일하다 보니 자연스럽게 만들어진 결과였습니다. 그 지점이 그릿과 맞닿아 있습니다."

----

* 일터학습(workplace learning)은 직장이나 조직 등 일하는 현장에서 이루어지는 다양한 학습 활동을 뜻한다.

이어 셀프 브랜딩을 전략적으로 접근하는 방법을 설명했다. 우선 동료들에게 어떤 사람으로 보이고 싶은지 떠올린다. 그 다음, 그 모습을 만들기 위해 눈에 보이지 않는 끈기, 사교성, 적극성 등의 문화자본과 눈에 보이는 지식, 기술 등의 사회자본을 채운다. 이를 채우기 위한 노력의 결과가 곧 셀프 브랜딩을 만들어 가는 과정이다.

뒤이어 Q&A 시간에 한 직원이 물었다.

"프리랜서로서 가장 힘든 점은 무엇이었나요?"

"시간관리입니다. 아무도 출퇴근 시간을 정해주지 않거든요. 자유로워 보이지만 스스로를 통제하지 못하면 무너집니다."

또 다른 질문이 이어졌다.

"프리랜서는 누가 공부를 시켜주지도 않는데, 자기계발은 어떻게 하시나요?"

"그래서 그릿이 필요합니다. 스스로 배우지 않으면 금방 고립됩니다. 저는 의도적으로 세상과 연결하려 노력합니다. 학회에 참석하고, 현장의 이야기를 듣고, 그 과정에서 지속적으로 자극을 받죠."

긱워커의 자유는 멋져보이지만, 그 자유를 유지하는 것은 스스로를 움직이게 하는 그릿이다. 그릿을 바탕으로 학습을 멈추지 않는 사람만이 시간이 지날수록 더 단단한 브랜드로 성장할 것이다. 시장의 평가는 냉혹하기 때문이다.

긱워커의 워크그릿

워크그릿은 조직 구성원들에게만 필요한 개념이 아니다. 특정 조직에 소속되어 있는지와 무관하게 일에 대한 목표를 세우고 꾸준히 몰입하는 태도 자체가 워크그릿이다. 연구결과에 따르면 그릿이 높을수록 프로티언 경력 태도가 높게 나타나기도 하고, 반대로 프로티언 경력 태도가 높을수록 그릿이 높게 나타나기도 한다.[118·119]

프로티언 경력 태도란 개인이 자신의 직업 목표와 방향을 스스로 설정하고, 환경 변화에 유연하게 적응하며 경력을 관리하는 태도를 의미한다. 이는 그리스 신화에 등장하는 바다의 신 프로테우스가 상황에 따라 자유자재로 모습을 바꾸는 것에서 유래한 것으로, 변화하는 환경에 맞춰 경력의 방향을 유연하게 조절할 수 있는 태도를 가리킨다.

긱워커, 프리랜서, 플랫폼 노동자처럼 조직의 직접적인 관리 없이 일하는 사람들에게서 이러한 경력 태도가 나타난다. 특히 성공적으로 커리어를 이어가는 프리랜서일수록 자신의 직업적 목표를 달성하기 위해 더 철저한 점검과 노력으로 그릿을 선명하게 발휘한다.

긱워커 체크리스트
☐ 학회, 오픈채팅방, 사적 모임 등 직업과 관련한 네트워킹이 있다.
☐ 업계 뉴스레터 구독, 《HBR》 정기 구독 등 학습을 도와줄 콘텐츠를 구독한다.
☐ 유명인, 친구, 멘토 등 직업에 관한 조언을 구할 수 있는 롤모델이 있다.
☐ 프로젝트가 끝난 뒤 회고를 한다.
☐ 네트워킹과 분리된 자신만의 시간을 갖는다.

과업자율성과 피드백은 워크그릿을 키운다

성장미가 오랫동안 준비했던 조직문화 개선 관련 기획안을 공유하는 날, 피플팀 직원 전원이 회의에 참석했다. 지난 원온원 이후 성장미는 기획안을 꾸준히 발전시켰다. 그는 한수정에게 세 차례 보고했고, 이 정도면 팀원들과 함께 검토해도 좋겠다는 판단에 따라 회의가 열렸다.

한수정은 회의를 시작하며 성장미의 기획 배경을 간단히 설명했다. 본사 이전과 함께 새롭게 조성된 캔틴이 휴식 공간을 넘어 교육과 소통의 장으로 기능할 수 있을지 고민해 볼 필요가 있었고, 그 해답을 MZ 사원인 성장미의 아이디어에서 찾고자 했다는 이야기였다. 별도의 결재 절차를 거치지 않고 자신과 직접 소통하며 완성한 안이라는 점, 그리고 이미 충분히 검토했고 실행 가능성 또한 높다는 점을 덧붙이며 발표를 맡겼다.

성장미는 긴장한 표정으로 자리에서 일어났다. 팀원들의 박수가 회의실을 채웠다. 기획안의 제목은 '캔틴 나이트 아웃(canteen night out)'. 본사 이전 후 한 동료가 캔틴을 보고 던진 "DJ만 있으면 파티 같겠다"라는 말에서 아이디어를 얻었다. 또 나태한이 주도한 런치타임 토크쇼가 실패로 끝나고 그가 요청한 피드백 자리를 떠올리기도 했다. 그는 실패에 주눅이 들기보다는 '런치 타임 토크쇼 피드백 파티'를 제안해 여러 의견을 듣기도 했다.

"파티이긴 하지만 업무 실패 경험을 공유하는 '실패 축하 파티'입니다. 많은 글로벌 기업에서 실패사례를 공유하고 도약의 발판으로 삼는 사례를 참고했습니다. 한 걸음 더 나아가는 기회를 실제 두기도 하고요. 그와 비슷한 자리가 되길 바라는 마음을 담았습니다."

일을 하면서 실패하더라도 그 경험을 다음 단계로 나아가는 자산으로 전환하길 바란 것이다.

"두 번째 목적은 멘토링입니다. 최근 원온원을 통해 동기부여를 받았다는 분들이 많았고, 회사 적응에 도움이 된다는 신입직원도 많습니다. 정해진 시간동안 멘토링을 통해 회사생활의 어려움과 노하우들을 서로 주고받고, 시너지를 다짐하는 시간을 만들었으면 합니다. 자세한 운영개요는 배포해 드린 자료에 기술되어 있습니다."

발표가 끝나자 질문이 이어졌다.

"좋은 아이디어라고 생각합니다. 그런데 어느 정도 규모의 파티를 생각한 건가요? 참여 인원이나 규모에 따라 예산이 상당히 들 것 같아요."

"1년에 몇 번으로 기획한 건가요?"

"이 행사는 매번 피플팀의 업무가 되는 건가요?"

"런치 타임 토크쇼와 가장 큰 차이점은 어떤 부분인가요?"

질문이 이어질수록 성장미의 머릿속은 복잡해졌다. 하지만 회의 직전 한수정이 건넨 말을 되새겼다.

'질문이 나온다는 건 관심이 있다는 뜻이에요. 정답이 있는 게 아니니 성장미 씨가 생각한 포인트가 있는 경우에는 답하고, 그렇지 않은 내용은 추가검토를 해보겠다고 답변해 보세요.'

성장미는 숨을 고르고 답했다.

"일단은 분기별로 계획했습니다. 예산과 내부 반응을 보면서 조정할 수 있을 것 같습니다. 아직 검토가 부족한 부분은 추가로 보완하겠습니다."

회의는 한수정의 정리 발언과 함께 마무리되었다. 사람들이 자리를 떠난 뒤, 성장미는 긴장이 풀린 듯 의자에 몸을 기대었다. 잠시 후, 커피 두 잔을 들고 한수정이 다시 들어왔다.

"오늘 정말 잘했어요. 피드백도 잘 반영됐고요."

"많이 긴장했는데 회의 전에 해주신 말씀이 큰 힘이 되었습니다."

"성장미 씨 나이에 저는 이렇게까지 몰입하지 못했던 것 같아요. 앞으로가 더 기대됩니다."

성장미는 잠시 망설이다 진심을 전했다.

"멘토링 아이디어는 상무님과의 원온원에서 얻었습니다. 제 사회생활 첫 사수가 상무님이라 정말 든든합니다."

그 말을 들으며 한수정은 깊은 보람을 느꼈다. 과업자율성이 큰 업무였기에 불안감도 컸을 텐데, 성장미는 끊임없이 피드백을 요청하며 업무를 자신의 것으로 만들어 갔다. 그 과정에서 스스로도 인식하지 못한 채 최상의 워크그릿을 발휘하고 있었다.

한수정 역시 후배의 성장을 통해 자신 또한 성장하고 있음을 실감한다. 조직 안의 더 많은 사람이 자신의 워크그릿을 발견하고, 일을 재미있게 해 나가며, 직업 정체성을 찾아가길 바랐다.

구성원의 워크그릿을 길러주는 멘토링

일하는 사람의 워크그릿을 길러주기 위해서는 리더의 역할이 굉장히 중요하다. 그뿐만 아니라 조직 내 모범이 되는 동료와의 만남기회도 중요하다. 조직 내 우수성과자나 모범적인 생활을 하고 있는 멘토를 매칭해 정기적으로 만남을 갖는 것이 좋다. 그들은 단단한 워크그릿을 가졌을 확률이 높다. 부담스럽다면 비대면 멘토링 혹은 영상 멘토링 방법도 활용할 수 있다. 멘토링을 통해 어려움을 극복한 이야기, 애정을 갖기 힘든 업무를 계속 할 수 있었던 동기 등 워크그릿을 발휘했던 상황을 공유한다. 비대면 만남 후 선택적으로 대면 멘토링을 한다면 더욱 큰 자극을 받게 될 것이다. 국립암센터에서는 대면, 비대면 등의 다양한 방식으로 신규 입사자 멘토링 프로그램을 시행하고 있다. 부서 및 직렬의 다양성을 고려하여 멘토와 멘티를 일대일로 매칭하고 있고, 다양한 활동자료를 바탕으로 멘토링 프로그램에 대한 내부직원의 이해를 높였다. 이를 통해 신규 입사자들이 선배의 이야기를 통해 성장할 수 있도록 경험을 제공하고 있다.[120] 멘토링 프로그램에 참여한 한 참가자는 조직이 개편되면서 새로 옮긴 팀에서 업무를 알려주는 선임이 없고 혼자 감당해야 하는 부분이 많아 퇴사를 고민했다고 회상했다. 그러나 멘토링을 통해서 안정적으로 새 팀에 정착할 수 있게 도와준 멘토를 만나 팀에 적응할 수 있었다고 답했다.

뇌는 워크그릿을 발휘한 경험을 기억한다

오후 3시, 많은 사람이 나른함을 느끼며 일하는 시간. 그러나 성장미는 예외다. 그는 업무에 AI를 어떻게 활용할 수 있을지 국내외 사례를 수집하고 있었다. 며칠 전, 성장미는 한수정의 호출을 받았다.

"요즘 AI가 빠르게 확산하고 있어요. 우리 업무에도 적용할 수 있는 부분이 있는지 한번 정리해 보면 어떨까요? 단순히 툴을 소개하는 게 아니라, 우리 조직 맥락에서 실제로 시도해 볼 수 있는 영역을 찾아보세요. 다음 주 화요일 정기 회의 때 피플팀 팀원들에게 공유해 주세요."

성장미는 HR의 다양한 업무를 경험해 보고 싶다는 생각을 늘 가지고 있었지만, 이번 과제는 단순한 정보 정리 수준이 아니었다. 우리 조직의 현재와 미래를 함께 들여다보는 일이었다. 성장미는 내가 잘할 수 있을까 걱정이 되기도 했지만 이 업무를 잘 해내고 나면 또 한 번 성장해 있을 자신의 모습이 기대되었다.

"네, 상무님. 다만 처음 해보는 과업이라 학습 시간이 조금 더 필요할 것 같습니다. 다음 주 목요일 회의 때 보고드려도 괜찮을까요?"

"네, 좋아요."

자리로 돌아온 성장미는 곧바로 계획을 세웠다. 새로운 업무에 대한 두려움은 크지 않았다. 포토샵을 독학하던 때, 토익 점수를 단기간에 끌어올리던 때, 파워포인트를 익히던 경험처럼 이미 그릿을 발휘한 경험이 뇌에 남아 있었기 때문이다. 성장미는 해야 할 일을 정리했다.

AI 적용 관리 TO DO LIST

◦ 해야 할 일: 피플팀 주요 업무 흐름 정리, 반복 업무 도출, AI 적용 가능 지점 분석, 파일럿 제안서 작성

◦ 필요한 것: 사내 프로세스 자료, 최근 국내외 AI 업무 적용

다음 날부터 성장미는 계획대로 과업들을 해나가기 시작했다. 관련 전공이 아니라는 사실이 처음에는 이 업무가 부담으로 다가왔다. 그러나 자료를 자꾸 들여다보면 실마리가 나오지 않을까 하는 생각으로 멈추지 않았다. 타 사례를 조사해 보고, 우리 조직의 업무에 적용해 보았다. 포기하지 않고 자료들을 수집하고 분석해 갈수록 흐름이 보이기 시작했다.

AI는 반복 업무를 줄이는 수준을 넘어 인사와 학습의 전략적 의사결정을 보조하는 역할로 발전하고 있었다. 핵심은 사람의 역할을 지우는 것이 아니라, 사람의 판단을 강화하는 데 있었다. 이러한 인사이트를 구성원들에게 잘 전달해야겠다는 생각이 들었다.

피플팀 회의에서 성장미는 정리한 내용을 공유했다. 시도해 볼 수 있는 작은 파일럿 운영안까지 가져온 덕분에 논의가 구체적으로 흘러갔다.

회의가 끝난 뒤, 한수정이 성장미를 불렀다.

"오늘 보고 정말 좋았어요. 일취월장이라는 말은 장미 씨를 두고 하는 말인 듯해요."

"감사합니다. 상무님. 공부하는 과정이 재미있었습니다. 또 잘하고 싶었고요. 처음 해보는 일이었는데 예전보다 두렵지 않았어요.”

한수정은 고개를 끄덕였다.

“이전의 그릿한 경험들이 쌓였기 때문이에요. 뇌는 사람이 해낸 경험을 기억하거든요. 한번 그릿을 발휘한 사람은 또다시 그릿을 발휘할 수 있어요.”

한수정은 경험이 뇌의 연결을 바꾸고, 그 흔적이 다음 도전을 가능하게 만든다고 설명했다. 성장미가 런치 타임 토크쇼를 운영하며 배운 것, 실수를 바로잡았던 경험, 파워포인트를 익히기 위해 애썼던 시간 모두 흔적으로 남았다는 것이다.

“나와 똑같은 DNA를 지닌 내 조상도 나와 같을 수 없는 이유는 경험과 환경이 같지 않기 때문이에요. 뇌 안에 있는 뉴런 사이의 200조 개의 연결점은 경험에 따라 달라 사람마다 보고 느끼는 방식이 모두 다르거든요. 그 때문에 같은 연결점을 지닌 사람은 단 한 명도 없는 거죠. 새로운 것을 익히거나 경험하는 것은 뇌에 물리적인 변화를 줍니다. 장미 씨가 도전하지 않고, 인정하지 않았다면 이만큼 성장하지 못했겠죠. 그릿한 사람이라서 쭉쭉 성장하고 있는 겁니다.”

이런 경험의 공유는 성장미뿐만 아니라 다른 구성원에게도 자극이 되었을 것이다. 물론 그 누구보다 성장미의 뇌에 그릿이 강하게 각인되었음을 의심할 여지가 없다.

워크그릿을 지닌 사람들

TND코리아의 구성원들이 워크그릿의 의미를 알아가는 동안 계절은 두 번 바뀌었다. 그 사이 회사에는 적지 않은 변화가 생겼다. 원온원은 어느새 당연한 조직문화가 되었고, 구성원들 사이의 대화 방식도 조금씩 달라졌다.

한수정 상무는 올해도 A일보가 선정하는 '2030 청년세대가 존경하는 여성 리더'에 이름을 올렸다. 햇수로 다섯 번째다. 그는 주니어 시절부터 오랫동안 지위적인 목표를 향해 달려왔다. 그러나 그 목표를 달성하니 오히려 어디로 가야 할지 막막함을 느끼기도 했다. 고민 끝에 한수정은 직장생활에서 가장 중요한 힘은 바로 '워크그릿'이라는 결론에 이르렀고, 자신이 만나는 '일하는 사람'의 '워크그릿'을 길러주는 일을 새로운 목표로 삼게 되었다.

그중에서도 나태한 차장과 성장미 사원이 각자의 업무목표를 세우고 그릿을 발휘하며 성장하는 모습을 지켜보는 일은 큰 보람이었다. "일에 그릿을 갖게 된 건 상무님 덕분입니다"라고 이야기하는 두 사람의 말을 들을 때마다, 워크그릿은 누구나 기를 수 있는 힘이라는 확신이 더욱 단단해졌다. C레벨이 되고 싶다는 목표달성 이후 새로운 목표를 찾지 못했다면 지금 같은 재미와 보람은 느끼지 못했을 것이다. 그가 꿈꾸는 목표는 단순하다. 더 많은 사람이 자기 일에서 그릿을 발휘하도록 돕는 것. 그 목표에는 기한이 없었다.

성장미 사원이 시작한 TND코리아 SNS 계정은 뜻밖의 계기로 큰 반응을 얻었다. 캔틴에서 커피를 내리는 이로운 사원의 모습이 화제가 되었고, 나태한 특유의 '아재미'도 한몫했다. 성장미가 나태한 차장에게 카메라를 들이밀며 한마디 부탁했는데, 뭐 이런 걸 하냐며 짜증을 내고 걸어가다가 마음이 약해져 다시 돌아오는 모습을 보고 직장인들의 공감지수가 폭발했다.

'우리 회사에도 저런 사람 있어.'
'차장 국룰 아닌가요?'
'근데 꼭 마음은 약함.'
'저런 사람이 커피 잘 사주더라.'

영상마다 '나태한 차장 찾기 챌린지'가 열리기도 했고, 자연스럽게

TND코리아의 일하는 방식과 분위기, 한수정의 리더십도 함께 주목받았다. 입사 지원서에는 'SNS를 보고 지원했다'는 문장도 종종 등장했다.

이로운은 저녁마다 카페 레느에서 다시 아르바이트를 시작했다. 가장 존경하는 사람이 그곳의 사장 전은영이었기 때문이다. 낮에는 TND코리아에서 마케팅 실무를 익히고, 밤에는 디저트 개발을 도우며 자신의 감각을 키워나갔다. 다음 달이면 카페 창업을 위해 들었던 1년짜리 적금의 첫 만기가 돌아온다. 목표를 향한 과정이 차근차근 진행 중이었다.

나태한은 두 번째 런치 타임 토크쇼 이후 1년 치 운영 계획을 세워 꾸준히 실행하고 있었다. 매달 프로그램의 완성도가 높아지면서 참가자들의 만족도 평가도 눈에 띄게 달라졌다. 성장미가 기획한 '캔틴 나이트 아웃'의 책임자 역할도 맡으며 비로소 일의 재미를 느끼기 시작했다. 자신을 믿어주는 상사, 꼼꼼한 후배와 함께하는 일이 그에게 새로운 활력을 주었다.

집에서도 작은 변화들이 이어졌다. 아들 나아진은 최근에 국기원에서 1품을 취득했고, 줄넘기 기술도 계속해서 연마 중이다. 미술학원에서는 매달 자기주도적으로 만든 작품을 완성해 가져온다. 작지만 반복되는 성취 경험이 아이의 내면을 더욱 단단하게 만들고 있었다. 아내 박차분 역시 학습지 선생님을 하면서 세운 목표를 하나씩 이루며 코칭 자격증 시험을 착실히 준비했다. 또 다문화 가정 아이들에게 도움이 되고 싶다는 마음으로 다시 영어 공부를 시작했다.

나태한의 친구 이금봉은 결국 회사에서 퇴직했다. 처음에는 막막했지만 중장년내일센터에서 제공하는 전직지원 서비스를 통해 재취업을 위한 도움을 받고, 직업훈련에 참여하고 있다.

워크그릿을 전파하고자 했던 한수정의 영향력은 사람들의 일상 속으로 스며들었다. 조직의 성과를 위해 시작된 프로젝트는 결과적으로 여러 사람의 얼굴을 환하게 만들었다. 각자가 자신의 목표를 향해 움직이는 힘은 조직에도, 개인의 삶에도 분명한 변화를 만들어 냈다.

실제 워크그릿이 자리 잡은 조직은 이와 다르지 않다. 구성원들은 일과 관련한 자신만의 목표가 있으며, 활력과 동기를 품은 채 앞으로 나아간다. 서로를 돕고 응원하며 한 걸음씩 전진한다. 높고 단단한 워크그릿을 지닌 사람들이 모인 조직은 학습에 대한 태도, 만족도, 과업 성과에서 확실하게 차이를 보인다.[121]

우리는 다양한 조직과 구성원을 만나며 한 가지 공통된 사실을 확인했다. 워크그릿은 소수의 특별한 사람에게만 주어진 자질이 아니라, 누구에게나 잠재되어 있는 역량이라는 점이다. 다만 그 차이는 타고난 성향이 아니라, 그것이 얼마나 의식적으로 길러지고, 환경 속에서 강화되었는가에 달려 있다.

여전히 많은 사람이 워크그릿의 의미를 알지 못했고, 발휘하고 싶어도 이를 지지하는 환경을 만나지 못하거나, 워크그릿을 키워주는 리더를 경험하지 못한 채 일하고 있다. 때문에 리더의 원온원과 워크그릿을 키우는 조직문화는 더 이상 선택이 아니라, 조직이 책임져야 할 중요한 과제가 되었다.

더 많은 개인이 자신의 워크그릿을 발견하고 단단하게 만들어 갈 때, 그 힘은 개인의 성장에 머무르지 않고 조직 전체의 건강성과 지속 가능성으로 확장된다. 이 책이 각자의 일터에서 워크그릿을 키우는 작은 출발점이 되기를 바란다. 그리고 그 결과로, 일하는 사람이 성장하며 행복해질 수 있는 조직이 더 많아지기를 기대한다.

미주

1 박진숙, 〈제53회 국제물리올림피아드 한국대표단 5명 전원 금메달, 국가 종합 1위〉, 《아시아투데이》, 2023.7.17.

2 문영진, 〈韓 고교생 4명 '국제정보올림피아드'서 전원 금메달.. '역대 최초'〉, 《파이낸셜뉴스》, 2025. 8.6.

3 송은아, 〈'정보올림피아드' 한국 대표단 전원 金〉, 《세계일보》, 2025.8.5.

4 "PISA 2022 Results Factsheets Korea", OECD, 2023.

5 Gallup, "State of the global workplace: 2025 report the voice of the world's employees", Gallup press, 2025.

6 Gallup, 위의 보고서, 2025.

7 홍국기, 〈한국 직장인 행복도 41점… 작년 그룹사 1위 네이버〉, 《연합뉴스》, 2024. 1.15

8 심예은, 〈번아웃·이직 부르는 직무스트레스 어떡하죠?〉, 《헬스경향》, 2024.4.24.

9 Gallup, 위의 보고서, 2025.

10 〈2023 한국의 사회지표〉, 통계청, 2023.

11 지현호, 〈'보이지 않는 권고사직' 두려운 1인 가구… 50대 퇴직, 노후 준비 못해〉, 《1코노미뉴스》, 2024.3.22.

12 〈40대 시민 대상 직업역량 개발 요구조사〉, 서울시50플러스재단, 2023.7.13.

13 신민섭, 〈10명 중 4명 정년 이전 퇴직… 퇴직 연령 51.5세, 생계 유지 위해 재취업〉, 《이코노미 퀸》, 2024.1.21.

14 지현호, 위의 글, 2024.

15 손덕호, 〈[40대, 두번째 스무살] ①한국인 평균 퇴직 연령 49.3세... "은퇴 준비는 40대부터"〉, 《조선비즈》, 2023.12.5.

16 배선영, 〈'내면소통' 김주환 교수 "국가대표 양궁선수, 뇌훈련 3개월 진행"('유퀴즈')〉, 《스포티비뉴스》, 2024.11.13.

17 김지영, 김우철, 〈근로자 업무그릿 측정도구 개발 및 타당화 연구〉, 《HRD연구》 24(4), 한국인력개발학회, 2022, 87~116쪽.

18 김지영, 김우철, 위의 글, 2022.

19 J.P. Briscoe, D.T. Hall, R.L.F. DeMuth, "Protean and boundaryless careers: An empirical exploration", *Journal of Vocational Behavior* 69(1), 2006, pp.30~47.

20 최인아, 《내가 가진 것을 세상이 원하게 하라》, 해냄, 2023.

21 한진규, 이찬, 〈기술혁신형 중견기업 연구개발인력의 혁신행동과 조직경력 관리지원, 조직보상, 조직신뢰 및 업무그릿의 구조적 관계〉, 《기업교육과인재연구》 27(1), 한국기업교육학회, 2025, 125~166쪽.

22 윤재영, 전혜지, 김우철, 〈국내 기업 근로자의 코칭리더십이 혁신적 업무행동에 미치는 영향: 업무그릿과 직무만족의 매개효과를 중심으로〉, 《HRD연구》 27(1), 한국인력개발학회, 2025, 101~136쪽.

23 김지영, 이민영, 〈과업난이도와 동료지원인식이 업무그릿과 경력정체성에 미치는 영향〉, 《실천공학교육논문지》 16(4), 한국실천공학교육학회, 2024, 541~551쪽.

24 김지영, 조현정, 이민영, 김우철, 〈Structural Relationships among Work Grit, Career Identity, Job Satisfaction, and Innovative Work Behavior〉, 《휴먼웨어 연구》 8(1), 고려대학교 HRD정책연구소, 2024, 115~137쪽.

25 김우철, 김지영, 〈근로자의 그릿〉, 《HRD Issue paper》 Vol.32, 2023-3, 고려대학교 정책연구소, 2023.

26 《한국직업사전》 통합본 제5판. https://www.work.go.kr/consltJobCarpa/srch/jobDic/jobDicIntro.do

27 전성필, 조민아, 〈"평생직장 옛말, 원하는 만큼 일한다"… 뜨는 '긱워커'〉, 《국민일보》, 2024.1.1.

28 〈플랫폼종사자 88.3만명으로 전년 대비 11.1% 증가〉, 고용노동부 보도자료, 2024.8.5. https://www.moel.go.kr/news/enews/report/enewsView.do?news_seq=16906

29 정은이, 〈삼원 그릿 척도(Triarchic Grit Scale)의 개발 및 타당화〉, 《학습자중심교과교육연구》 19(19), 학습자중심교과교육학회, 2019, 1231~1255쪽.

30 최은경, 〈"승일이 꿈꾼 지 23년 만에…" 션·박보검·이영표 한곳에 모인 이유〉, 《중앙일보》, 2025.3.31.

31 김지영, 김우철, 〈근로자 업무그릿 측정도구 개발 및 타당화 연구〉, 《HRD연구》 24(4), 한국인력개발학회, 2022, 87~116쪽.

32 미하이 칙센트미하이, 이희재 옮김, 《몰입의 즐거움》, 해냄, 2021.

33 M. Rusdi, E.K. Purwaningrum, & Y.A. Ramadhan, 〈The effect of grit on the work engagement of the millennial generation〉, *Jurnal Ilmiah Psikologi Terapan* 11(1), 2023, pp.1~6.

34 김지영, 김우철, 〈조직경력관리지원과 이직의도의 관계: 그릿과 직원몰입의 매개 효과를 중심으로〉,《역량개발학습연구》 15(3), 중앙대학교 Human Engagement Institute, 2020, 69~94쪽.

35 B. Shuck, J. Adelson & T.G. Reio, "The Employee Engagement Scale: Initial Evidence for Construct Validity and Implications for Theory and Practice", *Human Resource Management*, 2016. 8.31.

36 김지영, 김우철, 앞의 글, 2022.

37 D.E. Super, "A life-span, life-space approach to career development", *Journal of vocational behavior,* 16(3), 1980, pp.282~298.

38 여태철, 김인규, 윤경희, 이성진, 임은미, 임진영, 황매향,《한국인의 발달과업》, 학지사, 2023.

39 여태철, 김인규, 윤경희, 이성진, 임은미, 임진영, 황매향, 위의 책, 2023.

40 데이비드 이글먼, 김승욱 옮김,《우리는 각자의 세계가 된다》, 알에이치코리아, 2021.

41 A. Etkin, T. Egner, & R. Kalisch, "Emotional processing in anterior cingulate and medial prefrontal cortex", *Trends in Cognitive Sciences*, 15(2), 2011, pp. 85~93.

42 김주환,《내면소통》, 인플루엔셜, 2024.

43 C.A. Myers, C. Wang, J.M. Blac, N. Bugescu & F. Hoeft, "The matter of motivation: Striatal resting-state connectivity is dissociable between grit and growth mindset", *Social cognitive and affective neuroscience* 11(10), 2016, pp.1521~1527.

44 김주환, 위의 책, 2024.

45 R. Kalisch, M.B. Müller & O. Tüscher, "A conceptual framework for the neurobiological study of resilience", *Behavioral and brain sciences* 38, 2015, e92.

46 E.K. Miller, J.D. Cohe, "An integrative theory of prefrontal cortex function", *Annual review of neuroscience* 24(1), 2001, pp.167~202.

47 R. Kalisch, M.B. Müller & O. Tüscher, 위의 글, 2015.

48 E.K. Miller, J.D. Cohe, 위의 글, 2011.

49 장한, 김진숙, 〈외상후성장과 관련 변인들 간의 관계에 대한 메타분석〉,《상담학연구》 18(5), 한국상담학회, 2017, 85~105쪽.

50 K.M. Connor, J.R. Davidson, "Development of a new resilience scale: The Connor

–Davidson resilience scale(CD–RISC)", *Depression and anxiety* 18(2), 2003, pp.76~82.

51 H.S. Baek, K.U. Lee, E.J. Joo, & K.S. Choi, "Reliability and validity of the Korean version of the Connor–Davidson Resilience Scale", *Psychiatry investigation* 7(2), 2010, pp.109~115.

52 장한, 김진숙, 앞의 글, 2017.

53 장한, 김진숙, 앞의 글, 2017.

54 S. Wang, Y. Zhao, & J. Li, "True grit and brain: trait grit mediates the connection of DLPFC functional connectivity density to posttraumatic growth following COVID–19", Journal of Affective Disorders 325, 2023, pp.313~320.

55 A. Etkin, T. Egner & R. Kalisch, 앞의 글, 2011.

56 한진규, 김지영, 〈심리적 안전감이 지식공유의도와 혁신행동에 미치는 영향: 업무그릿의 매개효과를 중심으로〉, 《인적자원관리연구》 33(1), 한국인적자원관리학회, 2026.

57 문동철, 박지원, 〈조직지원인식과 리더-구성원 교환관계가 혁신적 업무행동과 이직의도에 미치는 영향: 업무그릿의 매개효과 분석〉, 《실천공학교육논문지》 17(5), 한국실천공학교육학회, 2025, 887~908쪽.

58 서현, 장수연, 박미자, 〈유아교사의 회복탄력성과 조직몰입 간의 관계에서 행복감과 그릿의 직렬다중매개 효과〉, 《유아교육연구》 44(2), 한국유아교육학회, 2024, 341~367쪽.

59 이민영, 《요즘 팀장의 리더 수업》, 알에이치코리아, 2024.

60 김지영, 강원석, 〈변혁적 리더십의 성과에 관한 메타연구: 최근 10년간 국내 연구를 중심으로10〉, 《리더십연구》 12(2), 한국리더십학회, 2021, 43~71쪽.

61 문동철, 윤혜림, 박지원, 〈조직지원인식과 변혁적 리더십이 조직구성원의 혁신적 업무행동에 미치는 영향과 업무그릿의 매개효과〉, 《직업교육연구》 44(3), 한국직업교육학회, 2025, 17~44쪽.

62 J. Kim, & W. Kim, "The effects of performance goal orientation and transformational leadership on task performance and innovative work behavior: testing the mediating role of work grit using two structural equation models", *Journal of Competency Development & Learning* 20(4), 2025, pp. 59~93.

63 윤재영, 전혜지, 김우철, 〈국내 기업 근로자의 코칭리더십이 혁신적 업무행동에 미

치는 영향: 업무그릿과 직무만족의 매개효과를 중심으로〉,《HRD연구》27(1), 한국 인력개발학회, 2025, 101~136쪽.

64   김지영, 이민영, 앞의 글, 2024.

65   김지영, 김우철, 〈Work-Grit의 개념과 HRD 분야의 활용 가능성에 대한 탐색적 연 구〉,《휴먼웨어 연구》1(2), 고려대학교 HRD정책연구소, 2018, 25~48쪽.

66   이민영, 앞의 책, 2024.

67   이하나, 〈유한킴벌리의 혁신은 경험과 신뢰에서 나온다〉,《여성신문》, 2018.1.16.

68   김지영, 〈근로자 그릿(grit) 성장의 환경과 장애요인에 관한 질적연구〉,《평생교육·HRD 연구》18(2), 숭실대학교 한국평생교육·HRD연구소, 2022, 123~145쪽.

69   강수진,《한 걸음을 걸어도 나답게》, 인플루엔셜, 2017.

70   A.L. Duckworth, T.A. Kirby, E. Tsukayama, E.H. Berstein, & K.A. Ericsson, "Deliberate practice spells success: Why grittier competitors triumph at the National Spelling Bee", *Social psychological and personality science* 2(2), 2011, pp.174~181.

71   카이라 보비넷, 유지연 옮김,《끝까지 해내는 뇌》, 갤리온, 2025.

72   이민영, 앞의 책, 2024.

73   이민영, 앞의 책, 2024.

74   "Manager Best Practices: One-on-One Meetings", Baylor University, 2023.6.14. https://hr.web.baylor.edu/news/story/2023/manager-best-practices-one-one-meetings?utm_source=chatgpt.com

75   김지영, 이민영, 위의 글, 2024.

76   스티븐 G. 로겔버그, 이재득 옮김,《원온원 대화의 기술》, 세종, 2024.

77   스티븐 G. 로켈버그, 위의 책, 2024.

78   이민영, 앞의 책(2024)에서 재구성.

79   이민영, 앞의 책, 2024.

80   김지영, 김우철의 도구(2022) 재구성. 140점 만점인 설문도구를 100점으로 제시.

81   김지영, 김우철, 앞의 글, 2022.

82   김지영, 2021년 선정 인문사회학술연구교수(A유형) 연차보고서, 2025.

83   김지영, 이민영, 앞의 글, 2024.

84   김주환,《그릿》, 인플루엔셜, 2025.

85   정은이, 앞의 글, 2019.

86 임현희, 조한익, 〈청소년용 학업적 그릿 척도의 개발과 타당화〉, 《교육심리연구》 32(3), 한국교육심리학회, 2018, 495~523쪽.

87 김지영, 〈근로자 그릿의 의미와 구성요인에 관한 탐색적 연구〉, 《HRD 연구》 24(2), 한국인력개발학회, 2022, 73~99쪽.

88 김주환, 《내면소통》, 인플루엔셜, 2023.

89 한진규, 김지영, 앞의 글, 2026.

90 김양희, 〈"밀리면 끝"… 야구천재 고행 나서다〉, 《한겨레》, 2012.1.15.

91 아이패드 드로잉 작가 여유재순 인스타그램 https://www.instagram.com/yeoyujaesun/

92 김보경, 《미래교육을 준비하는 교육방법 및 교육공학》, 학지사, 2024.

93 김지영, 이민영, 앞의 글, 2024.

94 김지영, 앞의 글, 2022.

95 김지영, 앞의 글, 2022.

96 이민영, 앞의 책, 2024.

97 기보배, 〈양궁선수의 지도자 믿음이 그릿과 훈련만족에 미치는 영향〉, 《한국체육교육학회지》 27(4), 한국체육교육학회, 2022, 1~12쪽.

98 김선정, 이유미, 〈보육교사가 지각한 열등감과 정서적 지지가 그릿에 미치는 영향〉, 《유아교육연구》 41(6), 한국유아교육학회, 2021, 285~305쪽.

99 김정희, 〈보육교사가 인식한 원장의 감성리더십과 보육교사의 행복감과의 관계에서 그릿의 매개효과〉, 《인문사회 21》 13(4), 인문사회 21, 1707~1722쪽.

100 이수란, 안태영, 박서단, 양수진, 〈한국형 그릿 척도(The Korean Version of GRIT: K-GRIT) 개발 및 타당화: 측정학적 문제와 개념적 본질을 중심으로〉, 《한국심리학회지:일반》 40(3), 한국심리학회, 2021, 351~387쪽.

101 황예은, 양수진, 〈중년 근로자의 그릿과 정신적 안녕감: 삶의 의미와 은퇴불안의 매개효과〉, 《인간발달연구》 27(1), 한국인간발달학회, 2020, 163~187쪽.

102 강다은, 〈국내 100대 기업 임원 여성 비율은 고작 6%〉, 《조선일보》, 2023.11.24.

103 강민정, 문지선, 권소영, 김양희, 방세린, 〈기업 내 여성임원 비율 확대를 위한 전략연구〉, 한국여성정책연구원, 2018.

104 임연규, 〈2023년 여성의 노동 및 임금 현황〉, 《젠더리뷰》 2024 봄호, 한국여성정책연구원, 2024.

105 〈"대기업 여성 직원 비중 24%… 급여는 남성의 67% 수준"〉, 《연합뉴스》, 2023.3.7.

106 앤절라 더크워스, 김미정 옮김, 《그릿》, 비즈니스북스, 2016.

107 D.M. Cable, D.S. DeRue, "The convergent and discriminant validity of subjective fit perceptions", *Journal of applied psychology* 87(5), 2002, p.875에서 재구성.

108 홍순준, 〈육아휴직하면 '소득 절반'… 한국, 육아휴직 사용 비율 '최하위권'〉, 《SBS》, 2023. 9. 24.

109 조유현, 〈"동료 눈치 보여서 못 쓴다" 10인 미만 40% 육아휴직 '사용 불가'〉, 《더나은 경제》, 2026.01.08.

110 P.A. McLagan, "Models for HRD practice", *Training & development journal* 43(9), 1989, pp.49~60에서 재구성.

111 천면중, 허명숙, 《지식경영 이론과 사례》, 한경사, 2019.

112 현대자동차 기업문화혁신팀, 《왜 그렇게 일에 진심이야?》, 현대자동차, 2024.

113 박한규, 〈대기업 근로자의 직무 재창조와 개인 및 팀 수준 변인의 위계적 관계〉, 서울대학교 박사학위논문, 2015.

114 임수원, 최애경, 〈비서직 종사자의 잡 크래프팅 경험에 관한 사례 연구〉, 《비서·사무경영연구》 28(2), 한국비서학회, 2019, 117~145쪽.

115 노미오, 곽묘묘, 〈직무자율성과 직무재창조의 관계에서 그릿(Grit)의 매개효과 연구〉, 《경영교육연구》 34(5), 한국경영교육학회, 2019, 109~129쪽.

116 강상묵, 〈호텔 종사원의 그릿과 잡크래프팅, 혁신행동의 구조적 관계〉, 《Tourism Research》 45(4), 한국관광산업학회, 2020, 1~17쪽.

117 박한규, 위의 글, 2015.

118 최지현, 〈그릿, 무경계경력, 프로티언경력, 주관적 경력성공, 삶의 만족 간 구조적 관계〉, 《경영교육연구》 38(1), 한국경영교육학회, 2023, 371~392쪽.

119 장유진, 남교민, 김지인, 최경진, 송지훈, 〈내적통제소재와 업무그릿의 관계에서 프로티언 경력태도의 매개효과와 경력개발지원의 조절된 매개효과〉, 《평생교육·HRD연구》 21(2), 숭실대학교 한국평생교육·HRD연구소, 2025, 59~88쪽.

120 한지영, 최종일, 〈의료기관 신입직원 멘토링프로그램 사례연구: A 병원을 중심으로〉, 《한국병원경영학회지》 29(1), 한국병원경영학회, 2024, 19~31쪽.

121 J. Kim, & W. Kim, 앞의 글, 2025.

끝까지 해내는 사람들

제1판 1쇄 인쇄 2026년 3월 29일
제1판 1쇄 발행 2026년 4월 5일

지은이   이민영, 김지영
펴낸이   나영광
책임편집   김영미
편집   정고은, 오수진
영업기획   박미애
디자인   박은정

펴낸곳   크레타
출판등록   제2020-000064호
주소   경기도 고양시 덕양구 청초로 66 덕은리버워크 B동 1405호
전자우편   creta0521@naver.com
전화   02-338-1849
팩스   02-6280-1849
블로그   blog.naver.com/creta0521
인스타그램   @creta0521

ISBN 979-11-92742-63-2 03320

- 책값은 뒤표지에 있습니다.
- 잘못 만들어진 책은 구입하신 서점에서 바꿔드립니다.